CHRISTIAN SIEVERS
GRAUZONEN
GESCHICHTEN AUS DER WELT
HINTER DEN NACHRICHTEN

Rowohlt Polaris

Originalausgabe
Veröffentlicht im Rowohlt Taschenbuch Verlag,
Reinbek bei Hamburg, Januar 2018
Copyright © 2018 by Rowohlt Verlag GmbH,
Reinbek bei Hamburg
Umschlaggestaltung HAUPTMANN & KOMPANIE Werbeagentur, Zürich
Umschlagabbildungen ZDF / Jana Kay
Innengestaltung Daniel Sauthoff
Satz Pensum Pro OTF (InDesign) bei
Pinkuin Satz und Datentechnik, Berlin
Druck und Bindung CPI books GmbH, Leck, Germany
ISBN 978 3 499 63334 8

«Anyone who isn't confused doesn't really understand the situation.»
– Edward R. Murrow

INHALT

Stop! 9

TEIL 1: DAVOR
Lass dich überraschen 15
Eine Nacht ändert alles 18
Nachrichtenfieber 25
Nummer 37 34

TEIL 2: DRAUSSEN
Yalla! 41
Shalom 46
Sicherheitsgründe 56
Beste Feinde 62
Warum? 74
Alarm! 82
Gaza-Geheimnisse 88
Abgeriegelt & weltoffen 99
PR-Krieg 112
Einsdreißig 125

TEIL 3: DRINNEN
Grüne Hölle 133
Fake News 144
Lüge und Wahrheit 153
Terror 163
Helfen ist eine Kunst 172
Dornröschenschlaf 180
Ganz nah dran – und ganz weit weg 195
Die Flucht. Im Fernsehen 205

Go! 215

Stop!

Rumms. Die Anzeige im Aufzug sagt: 9. Stock. Die Ziffer blinkt: 7. Stock. Dann plötzlich: 10. Stock. Dabei hat sich der Lift kein Stück bewegt.

Stecken geblieben. Ausgerechnet an einem Ort, an dem es keine funktionierende Polizei gibt, keine professionelle Feuerwehr und an dem niemand auf die Idee kommen kann, den Störungsdienst zu rufen. Dort, wo in Deutschland der Alarmknopf wäre, ist ein kleines Loch in der Kabine, durch das man einen Finger stecken kann ... und damit bestenfalls um Hilfe winken.

Stecken geblieben. In Gaza. Wir sind zu siebt in der stickigen Kabine. Neben mir steht der Kollege vom iranischen Staatsfernsehen, den sie im Erdgeschoss bereits komisch angeguckt haben, weil er so aussieht, als würde er das zulässige Gesamtgewicht ganz allein überschreiten. Der Mann schwitzt stark und ruft in die Runde: «Ich habe Platzangst.»

Ich hasse dieses Gebäude mitten im Zentrum des Gazastreifens. Die lokale Produktionsfirma, mit der wir seit vielen Jahren zusammenarbeiten, hat hier ihre Büros. 13. Stock, weil dort niemand anders einziehen will. Irrer Blick über diesen winzigen, geschundenen Küstenstreifen, der es seit Jahrzehnten regelmäßig in die Schlagzeilen der Welt schafft. Und Nervenkitzel inklusive, weil die Büros an zwei Seiten statt Fenstern einfach offene Löcher haben. So kann bei einer Explosion nichts kaputtgehen, und außerdem sehen Fernsehbilder aus dem 13. Stock ohne Fensterglas davor einfach besser aus. Ein spezieller Ort. Nur dass man halt vorher in den Aufzug muss.

Ein paar Mal habe ich das Treppenhaus benutzt. Es gibt kein Licht, und im fahlen Schein des Handy-Displays übersieht man leicht, dass sie beim Bau zwischen den einzelnen Etagen immer jeweils eine Stufe ein bisschen niedriger gemacht haben als die anderen. Es ist auch nicht das erste Mal, dass ich hier im Aufzug festhänge. Nur war sonst immer der Strom ausgefallen, und man musste einfach warten, bis irgendwo ein Notgenerator anlief. Aber jetzt ist alles anders. 9. Stock. 7. Stock. 10. Stock.

Ich spüre: Der iranische Fernsehmann ist nicht der Einzige mit Platzangst.

Gaza ist kein Ort für feste Pläne. Wer Überraschungen hasst, kommt hier nicht weit. In Gaza gibt es Gefängnisse aus Lehm und ohne Türen. Es gibt Zebras, die bemalte Esel sind, blutrünstige Islamisten und weltoffene Computer-Girls. Es gibt furchtbare Armut und bizarren Protz, keinen Alkohol, aber eine ordentliche Auswahl an Schwarzwälder Kirschtorten. Gaza ist eine Brutstätte für Gewalt und Terror – und samstags trifft sich am Strand ein rühriger Fanclub der deutschen Fußballnationalmannschaft. Die Menschen hier sind seit vielen Jahren von der Außenwelt abgeriegelt, aber auf den Straßen paradiert die neue Modellgeneration aus Untertürkheim und Ingolstadt. Und wenn es nachts um eins an der Hotelzimmertür klopft und eine Stimme befiehlt, man solle jetzt sofort ins Innenministerium der Hamas-Machthaber kommen, um einen Gefangenenaustausch zu filmen, dann kann das beides sein: eine Falle. Oder ein Scoop.

Wer als westlicher Reporter von sich sagt, er habe Gaza kapiert, hat entweder Gaza nicht kapiert – oder er lügt.

Und Gaza ist kein Spezialfall. Gerade in Nahost gilt der Satz des amerikanischen Fernsehnachrichten-Pioniers Edward R. Murrow: «Anyone who isn't confused doesn't really understand the situation» – wer nicht verwirrt ist, versteht die Lage nicht.

Im Grunde gilt das für den Journalismus insgesamt.

Wir leben in einer Zeit, in der immer mehr Menschen nach einfachen Wahrheiten suchen und – vermeintlich – einfachen Lösungen verfallen. Die klingen verführerisch, weil sie so klar formuliert sind, in Großbuchstaben und mit Ausrufezeichen. Aber sie setzen fast immer voraus, dass man die Augen vor der Welt verschließt, ausgrenzt und anmaßt.

Auch wir Journalisten lieben einfache Geschichten: Problem klar, Ursache offensichtlich, Schuldige benannt. Niemand schreibt gerne, was er alles (noch) nicht weiß. Ungereimtheiten senden sich schwer. Doch je unmittelbarer die Verbreitungswege sind, je weniger technisch bedingte Verzögerung zwischen Nachrichten-Ereignis und Nachrichten-Konsum liegt, desto deutlicher wird: Wahrheit braucht Zeit. Erstens kommt es anders. Und zweitens als man denkt.

Für mich ist das die prägendste Erfahrung in meinem Beruf. Da will man die Welt so detailliert und wahrhaftig abbilden wie möglich und stellt fest: Diese *eine* Welt gibt es gar nicht.

Vielleicht hilft es ja, einige dieser Begegnungen, Überraschungen, Zweifel mal aufzuschreiben. Gerade in Zeiten, in denen ein Teil des Publikums selbst große Zweifel hat gegenüber «den Medien», in Zeiten, in denen wir und unsere Arbeit mehr hinterfragt werden denn je. Was an sich nichts Schlechtes ist. Denn damit gerät auch das Ergebnis der Arbeit von Journalisten in den Mittelpunkt, wird aufmerksam verfolgt und eingehend diskutiert – ob in der Küche bei einer Geburtstagsparty, in den Kommentarspalten im Netz oder auf der Podiumsrunde vor Publikum.

Dieses Buch ist keine grundsätzliche Auseinandersetzung mit dem Zustand der Welt, nicht mal eine mit dem Zustand des Journalismus. Darüber ist schon viel Schlaues geschrieben worden und mittlerweile auch eine Debatte entstanden, die wichtig ist – und noch lange nicht zu Ende.

Die nächsten Seiten sind vor allem eine Sammlung von Geschichten. Reportererlebnisse, die es nie auf den Sender geschafft haben und die mir trotzdem nicht aus dem Kopf gegangen sind. Die meisten Journalisten reden gerne und viel. Wer mich kennt, hat einige davon also bestimmt schon erzählt bekommen, alle anderen können sie jetzt nachlesen. Stellen Sie sich vielleicht eine nette Runde vor, beim zweiten Bier, es geht um die Arbeit der Medien, und dann sagt einer: «Hey, erzähl doch mal!»

Der Titel stand schon ganz am Anfang fest. Und wenn Sie eine Überschrift brauchen, einen Satz über das, was Sie erwartet, dann ist es ein Plädoyer für die Zwischentöne und die Zweifel. Grau mag nicht so sexy klingen wie Schwarz oder Weiß, es kommt der Wahrheit aber deutlich näher. Die Fähigkeit zur Differenzierung ist ja exakt das, was uns Menschen ausmacht. Die Schattierung, das Unvorhergesehene bestimmen unser Leben, ob wir wollen oder nicht.

Anders gesagt: Unsere wilde Welt ist voller Überraschungen. Das zu akzeptieren und damit umzugehen ist alles andere als einfach, sonst hätten die Populisten und Demagogen von vornherein keine Chance. Und manche Reporter auch nicht, die ihre Story bisweilen schon fertig haben, bevor sie das Haus verlassen.

Spontanität, Improvisation, Augenzwinkern – auf dem Gebiet können wir einiges vom Nahen Osten lernen. Frei nach dem alten Witz über den Rabbi, der in die Metzgerei kommt und auf ein (unkoscheres) Schwein zeigt: «Ich hätte gern ein Stück von dem Fisch dort.» Darauf der Metzger: «Das ist kein Fisch, das ist ein Schwein.» Der Rabbi lächelnd: «Mir ist egal, wie *Sie* den Fisch nennen, ich hätte gern ein Stück davon.»

TEIL 1: DAVOR

Lass dich überraschen

Der Sommer 1993 ist heiß und verstörend. Im gerade frisch vereinten Deutschland brennen Wohnheime für Ausländer. Wo Hoyerswerda liegt, habe ich vor diesem Sommer nicht gewusst, noch nicht mal, dass es so einen Ort überhaupt gibt. Eine erfahrene Reporterin des Berliner Radiosenders *RIAS2* nimmt mich mit. Der junge Kollege soll etwas lernen.

Hoyerswerda damals, das ist einer dieser Orte, an denen man spüren kann, was Perspektivlosigkeit bedeutet. Und was sie mit Menschen macht. Das zeigt sich auch heute noch, in schmuck herausgeputzten Städtchen, gerade im Osten Deutschlands, mit perfekt restaurierten Marktplätzen, in denen nach Ladenschluss die Ödnis zuschlägt. Denkmalgeschützte Fassaden allein bringen keine Lebensqualität. Soziale Hilfen vom Staat ersetzen nicht das Gefühl, gebraucht zu werden. Wenn der Schnellimbiss an der Autobahnausfahrt zum einzigen möglichen Treffpunkt geworden ist, lässt sich kaum verhindern, dass alle gehen, die mit ihrem Leben noch etwas vorhaben. Langeweile kann brandgefährlich sein.

Über Hoyerswerda liegt die Langeweile damals bleischwer. «Die Pumpe» ist am Ende. «Schwarze Pumpe», einst der größte (und wohl auch schmutzigste) Braunkohleveredelungsbetrieb der Welt, der mit Abstand wichtigste Arbeitgeber in der Region, hat die deutsche Einheit nicht überlebt. Ein Großteil der Menschen in Hoyerswerda hat schlicht nichts mehr zu tun.

Zu Hunderten stehen sie auf der Straße rund um immer gleiche «Wohnkomplexe», die man einfach durchnummeriert hat. Zwischen «WK 1» und «WK 10» ist die Stimmung gereizt. Jetzt entladen sich lange aufgestaute Ressentiments, der Hass bricht sich Bahn.

An einem düsteren Wohnblock, in dem noch zu DDR-Zeiten Vertragsarbeiter vor allem aus Vietnam untergebracht worden sind, spüre ich, wie die Situation ungemütlich wird. Die Menge skandiert, sie brüllt, und sie wirkt zu allem bereit. Den Vietnamesen steht das Entsetzen ins Gesicht geschrieben. Viele wagen sich nicht mehr aus dem Haus. Ihre Nachbarn sind plötzlich eine Bedrohung. Gute Nachbarschaft war das hier nie, die Familien aus Vietnam werden abfällig «Fidschis» genannt, man kennt sich nicht, hat jahrelang nebeneinanderher gelebt, und jetzt schimpfen die wütenden Bürger in unser Mikrofon: «Die Fidschis wohnen besser als wir, die schmuggeln Stereoanlagen und Fernseher, die machen das große Geld.»

Dann fliegt ein Molotowcocktail, wir rennen in ein Haus. Schnell in Deckung. Eine Wohnungstür geht auf, die vietnamesische Familie lässt uns hinein. Erst mal durchatmen. Dann gucken wir uns um. Der gesamte Flur vom Boden bis zur Decke: voller Kisten mit Fernsehgeräten und Unterhaltungselektronik.

Ich kann es nicht fassen. In meinem Kopf rotiert es. Was ist hier los? Was will diese verängstigte Familie aus Vietnam mit all den Fernsehern? Und: Wie sollen wir *darüber* berichten? Für die Gewalttäter vor der Tür würde unser Erlebnis die Bestätigung all ihrer Vorurteile sein. Aber deshalb einfach darüber hinweggehen? Einfach ausblenden, dass wir hier mitten in der Plattenbausiedlung auf ein bestens bestücktes Elektrowarenlager gestoßen sind? Das kann auch nicht die Lösung sein.

Ich habe zu diesem Zeitpunkt noch keinen einzigen Tag als hauptberuflicher Journalist gearbeitet und bin mittendrin in einem Dilemma, das mich überfordert.

Wir bemühen uns vor Ort, in der Hektik mehr zu erfahren, versuchen, die Situation einzuordnen, und verfluchen gleichzeitig den Zeitdruck und das Drängeln der Redaktion in Berlin, die immer neue Kurzberichte für die Nachrichten will. Texten, schneiden, live senden – es ist wie am Fließband. Für echte Recherche bleibt kaum Raum.

Noch so eine grundsätzliche Herausforderung im Journalismus:

einerseits die Welt erklären wollen, andererseits generell viel zu wenig Zeit dafür haben.

Wir fragen herum: bei der Stadtverwaltung, bei Sozialarbeitern und der lokalen Zeitung. Langsam ergibt sich ein detaillierteres Bild: Die sogenannten Vertragsarbeiter aus Vietnam hatten von der DDR-Regierung einige Sonderrechte erhalten, an Integration war nie gedacht. Im Gegenteil: Kontakte mit der deutschen Bevölkerung sollten auf ein Minimum beschränkt bleiben. Gab es Konflikte, wurden sie von Betrieben und Staat unter den Tisch gekehrt. Ausländerfeindlichkeit durfte es in der DDR offiziell nicht geben. Die Vietnamesen wurden in speziellen Arbeiterwohnheimen untergebracht, manche verdienten sich in harter D-Mark etwas dazu. Offenbar hatte unsere Familie das genutzt, um nebenher eine Art Import-Export-Handel zu starten.

Sicher ein Fall für den Zoll. Ganz sicher: kein Grund für Gewalt. Selbst wenn jeder einzelne Wohnungsflur bei jeder einzelnen Familie aus Vietnam wie das Warenlager eines Elektromarkts ausgesehen hätte, kann das keine Begründung dafür sein, den betreffenden Menschen die Häuser anzuzünden. Aber es erklärt, wie Gerüchte entstehen und welch unheilvollen Weg sie nehmen – ganz besonders in einem gesellschaftlichen Umfeld, in dem Dialog nicht vorgesehen war und man einander immer aus dem Weg ging.

Aus dem Neid auf die anderen, aus dem Gefühl, selbst zu kurz zu kommen, aus dieser erdrückenden Langeweile kann eine furchtbare Mischung entstehen, Aggression und Gewalt.

Für mich war Hoyerswerda viel mehr als Aufnahmegerät bedienen und Berichte schreiben. Die Erlebnisse dort haben mir gezeigt, was Reporteralltag wirklich ausmacht: rauszugehen, vor Ort nachzusehen – und darauf gefasst zu sein, dass man Überraschungen findet, die unbequem sind. Gute Journalisten brauchen Mut, sich irritieren zu lassen. Ob man so etwas lernen kann? Ich habe mir damals vorgenommen, es zu versuchen.

Eine Nacht ändert alles

Niemand in meiner Familie ist Journalist. In Beliebtheitsumfragen landet der Beruf regelmäßig auf den letzten Plätzen, irgendwo zwischen Politiker und Gerichtsvollzieher. Wenn man meine Eltern und Großeltern gefragt hätte, wäre das Ergebnis wohl ähnlich gewesen. Als ich aufwuchs, kannte ich keinen einzigen Menschen, der «was mit Medien» gemacht hätte. Die Schülerzeitung im Gymnasium erschien manchmal monatelang gar nicht und dann in so mieser Druckqualität, dass außer den Lehrerwitzchen unten auf der Seite nicht viel zu erkennen war. Ich kann mich nicht erinnern, dass irgendjemand im Abi-Fragebogen als Berufswunsch «Journalismus» angegeben hätte. Aber gleich am Anfang meines ersten Praktikums bei einem Berliner Radiosender habe ich gemerkt: Das will ich weitermachen!

Vermutlich ging alles los mit einem Umzug. Aus Hessen nach West-Berlin. Aus einem ordentlichen kleinen Ort in der Nähe von Frankfurt in die «Mauerstadt». Berlin war damals, gegen Ende der siebziger Jahre, fast täglich in den Fernsehnachrichten von ARD und ZDF, die bei uns zu Hause verlässlich den Beginn des Abends markierten. Und es klang fast nie gut: Mauer, Insellage, Viermächtestatus.

Als mein Vater verkündete, wir würden nach Berlin umziehen, war der Rest der Familie dagegen. Was ist mit den Freunden, der Schule? Zu den üblichen Fragen kam noch eine weitere dazu: Wie kann man in einer eingemauerten Stadt leben, in der so viel zu passieren scheint, dass sie ständig Schlagzeilen macht?

«Wartet, bis ihr den Ku'damm seht, das ist die spannendste Straße der Welt» – diesen Satz meines Vaters habe ich noch im Kopf. Und meine Enttäuschung auch, als wir dann das erste Mal dort waren, einmal hoch und einmal wieder runter, und «die spannendste

Straße der Welt» für mich erst mal auch nicht viel anders aussah als die Einkaufsstraßen, die ich kannte.

Berlin wollte entdeckt werden. Wer in den achtziger Jahren dort aufgewachsen ist, kennt die Geschichten: eine Stadt, abgeschnitten von ihrem Umland und gerade deshalb konzentriert auf sich selbst. Mit irrem Leben, mit Kneipen, die keine Sperrstunde kannten, wo nachts um drei mehr los war als in München, Hamburg und der hessischen Provinz zusammen. Eine Stadt, so groß, dass ihre Bewohner (im Westteil) eben nicht ständig im Schatten einer Mauer lebten. Die politische Situation war im Alltag kein alles beherrschendes Thema, und trotzdem war es in Berlin nie möglich, der Politik zu entgehen. Etwa, wenn Omi und Opa zu Besuch waren und sie «rübergucken» wollten, von den Aussichtsplattformen am Todesstreifen in Richtung Osten, über Stacheldraht, Minenfelder, Wachtürme hinweg, dort, wo heute Shopping-Center stehen. Wenn der Klassenausflug in den Ostteil schon am Bahnhof Friedrichstraße zu Ende war, weil ein Schüler seinen Pass vergessen hatte und von grimmigen DDR-Grenzern zum Verhör geführt wurde. Wenn jeder Urlaub mit stundenlangen Staus begann, gleich vor der Haustür, wo ein weltweit einzigartiger «Stauraum» mitten im Wald immer zu Ferienbeginn gefüllt wurde, damit Tausende Autos nicht den gesamten Verkehr in der Westberliner Innenstadt lahmlegten, weil sie an der DDR-Grenzkontrolle warten mussten.

Und natürlich begegnete einem die Politik immer dann, wenn die eigene Stadt in den Nachrichten war. Dann rief die Vermieterin der Ferienwohnung an, um zu fragen, ob man «angesichts der aktuellen Situation» überhaupt würde anreisen können. Und bayerische Freunde erkundigten sich nach den regelmäßigen Krawallen am 1. Mai besorgt, ob wir noch am Leben waren.

Meine Eltern hatten unsere Familienurlaube immer so geplant, dass ein paar Tagen irgendwo am Strand eine zweiwöchige Anreise voranging. Das Auto vollgepackt, mit Dutzenden Ausgaben der «Zeit» im Gepäck, die zu lesen meine Mutter übers Jahr «nicht geschafft hatte». Der Weg war das Ziel, im wahrsten Sinn. Neue Orte entdecken, neue Routen auskundschaften, neue Gerichte probieren – alles wichtiger als das Gefühl, endlich angekommen zu sein. Ich kann mich besser an die langen An- und Abreisen erinnern als an den eigentlichen Urlaub, und ich bekomme auch jetzt nach zwei Tagen im Liegestuhl das Gefühl: Da muss doch noch mehr sein, was es zu entdecken gibt.

Ich bin meinen Eltern bis heute wahnsinnig dankbar für ihre gelebte Neugier auf die Welt und für eine Kindheit und Jugend, in der keine einzige Frage jemals lästig erschien oder dumm oder unangebracht.

Als Beruf – so habe ich mir das immer vorgestellt – heißt so etwas: Journalismus.

Die entscheidende Weiche hinein in diesen Beruf stellt sich auf einer Party. Ich bin nicht als feiernder Gast dabei, sondern um zu arbeiten. Ein Veranstaltungssaal im Südteil von Berlin-Neukölln. Mit ein paar Kumpels zapfe ich Bier an einem mobilen Stand. Man kann uns mieten. Wir wollen ein bisschen Geld verdienen. Es ist der 9. November 1989.

Ein ziemlich ereignisloser Abend für uns, bis plötzlich die Tür auffliegt und ein Mann in Jeansjacke hereingestürmt kommt. Auf dem Kopf trägt er die Uniformmütze der «Grenztruppen der Deutschen Demokratischen Republik». Ich sehe ihn noch heute vor mir. Der Mann ruft: «Ich komme aus der DDR!», und dabei laufen ihm Tränen übers Gesicht.

Irgendetwas stimmt hier nicht: Ein Republikflüchtling wird auf seinem lebensgefährlichen Weg über Mauer und Stacheldraht wohl kaum einem Grenzer noch schnell die Mütze geklaut haben. Vielleicht ist der Mann selbst ein Grenzsoldat. Aber warum trägt er dann Jeansjacke zur Uniformkappe? Und wie – um Himmels willen – hat er es bis zu uns geschafft, in diesen Partyraum auf der anderen Seite der tödlichsten Grenze der Welt?

Von ihm selbst ist vor lauter Rührung nur wenig zu erfahren. Aber wir sind alarmiert genug, um einen Fernseher zu suchen, 1989, lange vor Handys und Eilmeldungen in Echtzeit. Die Garderobenfrau hat ein kleines Schwarz-Weiß-Gerät gegen die Langeweile. Hanns Joachim Friedrichs moderiert die «Tagesthemen» und schreibt an diesem Abend Fernsehgeschichte. So richtig viele Bilder gibt es nicht zu sehen, aber sein Satz «Die Tore in der Mauer stehen weit offen» haut uns um. Plötzlich ergibt alles einen Sinn: der Mann mit der Grenzermütze, die Freudentränen. Das hier ist Geschichte live, und jedem auf der Neuköllner Party ist es bewusst. Jetzt weiter Bier auszuschenken und so zu tun, als sei nichts passiert, kommt nicht in Frage – auch wenn wir dadurch unsere Jobs riskieren.

An diesem Abend habe ich zum ersten Mal dieses Bauchgefühl gespürt, das viele Reporter befällt und antreibt: zur richtigen Zeit, am richtigen Ort. Das ist das Beste, was passieren kann.

In dieser Nacht gibt es auf der ganzen Welt nur einen richtigen Ort: die Berliner Mauer, die jetzt niemanden mehr trennt.

Was dort passiert, verschwimmt später in der Erinnerung, vermischt sich mit ikonenhaften Pressefotos und Fernsehbildern. Ich weiß noch, wir haben den Partyausschank kurzum für beendet erklärt und sind mit unserem Bierlaster losgerumpelt zum Übergang Heinrich-Heine-Straße, zum Checkpoint Charlie, zum Brandenburger Tor. Dort lassen Scheinwerfer ein kleines Podest hell erstrahlen, eine Satellitenschüssel ist aufgebaut, wichtig aussehende Menschen mit Kopfhörern wirbeln umher. Tom Brokaw ist da, einer der legendären Moderatoren der US-Abendnachrichten, er macht seine komplette Sendung live aus Berlin. Der Mann war in der Stadt, hat die historische Dimension sofort erfasst und den Augenblick genutzt. Vom Brandenburger Tor aus sendet die Crew der *NBC Nightly News* live für Amerika, während viele Deutsche noch gar nicht mitbekommen haben, was da in ihrem Land gerade passiert.

Die Nacht endet für mich gegen acht Uhr in der Früh vor einem Zeitungskiosk am Hohenzollerndamm. Rund um das Häuschen hat sich eine beachtliche Warteschlange gebildet. Immer, wenn wieder ein Kunde an der Reihe ist, derselbe Satz: «Ich hätte gern alles, was Sie haben, bitte!» Die historische Nacht, festgehalten in riesigen Schlagzeilen. Ein Zeitungsbündel zum Vererben.

Der 9. November ändert alles. Im Großen und im Kleinen. Mir hat dieser Tag, und was daraus folgt, gezeigt, wie wichtig Zufälle sind, gerade im Berufsleben. Und wie unmittelbar eine Reporterkarriere abhängen kann von den Geschehnissen auf dieser Welt. Der Fall der Mauer, die deutsche Einheit – das war die größte Story einer Generation. Und meine ersten Versuche, im Journalismus zu landen, konnten dringend ein bisschen Schwung gebrauchen.

Mein Schülerpraktikum zwei Jahre zuvor bei RIAS2, Berlins meistgehörtem Radioprogramm, war alles andere als erfolgreich gelaufen. Rumsitzen, zuhören, Themen vorschlagen – was man als Praktikant halt so macht, wenn einen niemand braucht und niemand wirklich beachtet. Aber einfach aufgeben kam auch nicht in Frage. Nach dem Wochenende, an dem das Praktikum offiziell zu Ende war, ging ich einfach wieder hin. Pünktlich Montagmorgen. Die Gefahr, dass ich jemandem auffallen würde, war ja überschaubar. Und dann: Eines Tages, alle Reporter sind unterwegs, viele krank – endlich darf der Praktikant ran, für eine Straßenumfrage. «Was würden Sie tun, wenn Sie unsichtbar wären?» ist mein erstes journalistisches Werk. Mit dem Mikrofon in der Fußgängerzone dumme Fragen stellen – die Erfahrung prägt sich ein. Die meisten Passanten laufen wortlos vorbei. Manche schütteln genervt den Kopf, manche kommen kurz zurück, aber nur um zu fragen: «Wann wird denn das gesendet?»

Nach der Straßenumfrage der nächste Karriereschritt: das Berufsporträt. «Arbeitsalltag eines Müllmanns», «Arbeitsalltag eines Hotelpagen», «Arbeitsalltag eines U-Bahn-Fahrers» – über viele Monate decke ich die Redaktion mit meinen Versuchen ein, den Alltag anderer Leute zu beschreiben. «Man kann dabei eine Menge journalistisches Handwerkszeug lernen, gerade weil nichts Besonderes passiert» – mit diesen Worten gibt mir ein mitfühlender Redakteur das redigierte Manuskript zurück. Zwischen all seinen Änderungen in Rot ist von meinem Text praktisch nichts mehr zu erkennen.

Womöglich würde ich noch heute Berufsporträts machen, hätte sich mit dem Fall der Berliner Mauer nicht über Nacht etwas ganz Entscheidendes geändert: Plötzlich ruft die Redaktion an und fragt, ob ich arbeiten kann. Nicht mehr umgekehrt. In der Zeit nach dem 9. November gibt es so unfassbar viele historische Ereignisse und nie genug Reporter dafür. Jetzt spielt auch keine Rolle mehr, wie lange man schon dabei ist, wie alt man ist, wie viel Erfahrung man mitbringt. «Ein paar Berufsporträts hast du gemacht? Prima, fahr los, sie stürmen gerade die Stasi-Zentrale!»

Wichtigste Reporterregel in dieser «Wende»-Zeit: Immer genug Kleingeld dabeihaben für Live-Berichte aus der Telefonzelle. Ich bin mit dem alten VW-Käfer meiner Mutter kreuz und quer durch die untergehende DDR gekurvt. Und dann gleich nahtlos weiter durch die «neuen Bundesländer». Ich war am letzten Tag des Checkpoint Charlie dabei und nach der Währungsunion am ersten mit der D-Mark. Habe Berliner U-Bahn-Fahrer begleitet, die bisherige Geisterbahnhöfe wiedereröffneten, und Kali-Bergleute in Thüringen, denen noch der Hungerstreik blieb, weil alles um sie herum «abgewickelt» wurde.

So viele Schicksale, so viele Erlebnisse, was für ein Job! Nur selten trafen wir «Wende»-Reporter uns im Westberliner *RIAS*-Funkhaus – um nach frustrierenden Rechercheversuchen mit dem komplett überlasteten ostdeutschen Telefonnetz lieber doch gleich wieder selbst hinzufahren. «Du machst das schon» war der Standardsatz der Redaktion, wenn der Neuling fragte, wie genau so eine Live-Reportage für die gesamte ARD jetzt ablaufen muss. Es war eine irre Zeit.

Jahre später habe ich Günter Schabowski am Kühlregal in einem Berliner Supermarkt[*] getroffen. Er ist der einzige Prominente, den ich jemals einfach so angequatscht habe. Es musste sein. Und es wurde dann ein erstaunlich langes Gespräch, zwischen Joghurtbechern und Milchflaschen, mit einem Mann, der als einer der ganz wenigen SED-Größen seine eigene Rolle kritisch reflektiert hatte und wunderbar selbstironisch erzählen konnte, über den Mauerfall, seine legendäre Pressekonferenz und diesen Zettel: «Das tritt nach meiner Kenntnis ... ist das sofort, unverzüglich.»

«Ein Journalist ist immer nur so gut wie seine letzte Reportage» – der Spruch übertreibt, aber er hat einen wahren Kern. Dieser Beruf kennt kaum Regeln, die unumstößlich wären. Es gibt keinen Königsweg in der Ausbildung, keinen Numerus clausus und keine Meisterprüfung – *Journalist* kann sich im Prinzip erst mal jeder nennen und einfach loslegen. Bei mir kam irgendwann der Punkt, an dem keiner mehr gefragt hat, ob ich eine Journalistenschule besucht oder ein Volontariat gemacht habe. Einstieg geschafft – das ist das Wichtigste. Umso schwieriger wird es allerdings, mit dem Beruf auch tatsächlich den Lebensunterhalt zu finanzieren. Aber an Festanstellung und Lohnniveau denkt man noch nicht, wenn sich auf einmal die Möglichkeit bietet, Menschen und Geschichten zu erleben, zu denen man normalerweise niemals Zugang hätte. Wo sonst gibt es so etwas? Das gefiel mir: Journalist – nicht ein Job, sondern ganz viele. Und alle gleichzeitig.

---

[*] **Hit Markt Ullrich**, Mohrenstr. / Wilhelmstr. Bei Politikern sehr beliebt, auch Angela Merkel geht hier regelmäßig einkaufen.

Nachrichtenfieber

Ein Mann am Telefon. Den Hörer hat er lässig zwischen Kopf und Schulter geklemmt, die Krawatte locker gebunden, vor sich der lange, schmale Schreibblock, den sie in Amerika «Reporter's Notebook» nennen. Darauf ein paar Namen gekritzelt, manche verbunden mit Pfeilen, manche wieder durchgestrichen. Der Mann hat die Stirn unter den blonden Wuschelhaaren in Falten gelegt, es ist bereits sein drittes Gespräch in den letzten zehn Minuten, aber er hat noch ein paar Fragen: «Hallo, hier ist Bob Woodward von der Washington Post.»

Ich halte das für die coolste Journalisten-Pose aller Zeiten. Zu sehen in *All the President's Men*: dem Hollywood-Film über die Watergate-Enthüller, einem Thriller, der fast komplett in einem neonbeleuchteten Großraumbüro spielt. Schreibmaschinengeklapper statt Soundeffekte, Redaktionskonferenz statt Verfolgungsjagd. Man sieht: die beiden Hauptdarsteller am Telefon beim Recherchieren. Und man kann nicht weggucken.

Als es den Film zum ersten Mal im Fernsehen gab, kam mir die Siebziger-Jahre-Szenerie schon etwas historisch vor, die Lässigkeit der Reporter war trotzdem eindrucksvoll. Und natürlich hilft es, wenn Woodward und Bernstein im Film aussehen wie Robert Redford und Dustin Hoffman.

Amerika hat immer schon ein besonderes Journalistenbild gepflegt. Ende der achtziger, Anfang der neunziger Jahre – lange bevor ich selbst eine Fernsehredaktion von innen gesehen habe – wirkt

---

Deutscher Titel: **«Die Unbestechlichen»**. Basis ist das gleichnamige Buch der Reporter. Auf allen guten Video-Streaming-Plattformen. Merksatz: «Follow the money!»
Auch über TV-Journalisten gibt es großartige Kinofilme. Meine Favoriten: **«Broadcast News»** und **«Whiskey Tango Foxtrot»**.

die TV-Welt dort auf mich wie aus einer neuen Zeit. Im Rückblick kommt es mir so vor, als ob ich einen Gutteil meiner ersten USA-Reise vor dem Fernseher verbracht habe. Die Lässigkeit eines David Letterman, die entrückten Anchormen der drei großen Network News mit ihren pathetischen Moderationen, die gigantischen Nachrichtenstudios, Helikopterkameras, wilde Grafiken und – natürlich – an den Brennpunkten der Welt: wettergegerbte Auslandskorrespondenten, die aussahen, als könne sie absolut nichts aus der Fassung bringen.

In der Zeit, als ich neben dem Studium beim Radio arbeitete, habe ich mit einem Kollegen mal das Hauptquartier der ABC-Nachrichten in New York besucht. *World News Tonight.* Die Sendung des legendären Peter Jennings. Endlose Gänge, wichtig wuselnde Redakteure mit Kaffeebecher und Manuskript in der Hand, überall Monitore, Telefone, Zeitungsberge – wenn es einen Mittelpunkt der Welt gibt, dann muss er so aussehen. Wir hatten uns bei einem der Manager angemeldet, mit der nur halbwahren Begründung, wir seien deutsche Fernsehkollegen auf Dienstreise. Der Mann führte uns durch seine vibrierende Nachrichtenfabrik und muss sich gewundert haben, wie wenig Fernsehwissen die Besucher aus Deutschland mitbrachten. Umso stolzer war er, als wir uns kaum losreißen konnten und jeden neuen Schaltraum kommentierten, mit lauter «Ohhhs» und «Woahs».

Es gibt Orte, deren Wirkung muss niemand erklären. Da reicht es, sich hinzusetzen und zu beobachten. Die Kontrollzentralen der großen Fernsehsender gehören definitiv dazu. Ich habe die BBC gesehen und das Sendezentrum von Al Jazeera in der katarischen Wüste. Und heute freue ich mich jeden Abend darauf, bei den Technikkollegen in der Regie reinzuschauen, wo sie hinter Hunderten blinkenden Reglern und Knöpfen und vor einer gigantischen Videowand das spacige Mainzer Nachrichtenstudio des ZDF steuern. Die Faszination lässt nicht nach.

Aber die irrsten «Control Rooms» haben die Amerikaner. Mitten in Manhattan, zwischen Touristen und Managern am Smartphone, schlägt das Herz des landesweiten NBC-Networks. Man muss von der berühmten Plaza am Rockefeller Center, wo sie im Winter Schlittschuh laufen, nur mal kurz hochgucken. Der imposante Art-déco-Wolkenkratzer in der Mitte beherbergt die Schaltzentrale von Amerikas Morgenmagazin Nummer eins. Die *Today Show* ist so etwas wie die Mutter des weltweiten Frühstücksfernsehens. Ihre Moderatoren sind Multimillionäre und werden zur Sendung mit der Limousine vorgefahren. «Wir setzen die Agenda», sagt der Redaktionsleiter selbstbewusst, «der tägliche Nachrichtenfluss beginnt mit uns. Was die Politiker bei uns sagen, das bestimmt die weitere Berichterstattung den ganzen Tag hindurch.»

Das klingt nach sehr viel Taktik, aber wenn es dann live losgeht, ist die *Today*-Regie einfach nur ein Tollhaus. Und Adrenalin pur.

Es ist fast wie im Kino, ganz hinten auf einer Empore kauert der verantwortliche Redakteur der Sendung. Kopfhörer auf, zusätzlich zwei Telefone am Ohr, der Mann hat Stress, aber in seinem Gesicht steht ein breites Grinsen. Richtige Zeit. Richtiger Ort. Es läuft. Seine Kommandos sind knapp und präzise. Per Knopfdruck klinkt er sich auf den Ohrhörer der Moderatorin. Während sie live auf Sendung mit ihrem Kollegen die Themen der kommenden halben Stunde ankündigt, bekommt sie den Hinweis: «10 Sekunden kürzer werden!» Nebenan schnippt der Regisseur mit den Fingern: «Standby, Baghdad.» Wer jetzt auf den richtigen der vielen Dutzend Bildschirme schaut, sieht, wie die Korrespondentin im Irak ihre Kamera fest in den Blick nimmt. «Noch 3–2–1 …» – dann erscheint sie live zum Frühstück in Millionen amerikanischen Haushalten.

Die Schnelligkeit und die Abgebrühtheit, mit der sie hier Fernsehen machen, sind einzigartig. Die Selbstverständlichkeit ist unerreicht. Und der Druck enorm. Selbst in der Regie hat der Nachrichten-Producer ständig die Programme der Konkurrenz im Blick.

Und wehe, dort läuft eine Story, die die eigenen Leute übersehen haben. Die Einschaltquote entscheidet über Werbeeinnahmen, über Gehälter und Arbeitsplätze. Verglichen mit Deutschland, wirkt das hier wie ein überdrehter Zirkus. Verstörend und verheißungsvoll zugleich.

Zum Fernsehen in die USA zu gehen war gegen Ende des Studiums mein großer Traum. Jahrelang hatte ich eine Art Spagat versucht: erst morgens im Hörsaal die staubtrockenen Ausführungen der Jura-Professoren mitgeschrieben, und dann ab zum Nebenjob beim Radio, der in Wahrheit längst die Hauptrolle spielte. Die Uni hatte nie wirklich eine Chance gegen *SWF3*, die enorm erfolgreiche Pop-Welle des damaligen Südwestfunks. Wo – anders als an der Uni – jeder Tag aufregend und quirlig war. Und – anders als später beim Fernsehen – die gelungene Moderation einer Sendung auch vom richtigen Musikmix abhing, einer perfekten Blende zwischen zwei Songs und der Fähigkeit des Moderators, sämtliche Autobahnabfahrten im Sendegebiet korrekt auszusprechen.

Naserümpfende Kritiker sprachen von «Dudelfunk». Die hatten nie verstanden, wie schwer es ist, kurz und präzise zu sein. Und dabei, bitte schön, noch originell und witzig. Niemand wollte in den täglichen «Abhörkonferenzen», wenn die Leistung der Moderatoren gnadenlos vor allen Kollegen durchdiskutiert wurde, den Zorn des Programmchefs abbekommen. Peter Stockinger, der legendäre Gründer von *SWF3*, hatte einen eisernen Grundsatz: «Wenn Sie nichts zu sagen haben, dann halten Sie den Mund.»

Im Grunde war das Erfolgsrezept des Programms sein Standort: Baden-Baden. Eine Kurstadt, in der das junge Radioteam in abenteuerlichen WGs zusammenlebte und Abend für Abend erst eines der vielen gutbürgerlichen badischen Gasthäuser am Ort überfiel – und dann die einzige Bar, die keine Sperrstunde kannte. Die besten Einfälle fürs Programm entstehen eben nie in Konferenzen. Wirklich gute Ideen kommen selten in dieser halben Stunde im Mehrzweckraum, in der sie unbedingt kommen *sollen*. Baden-Baden ist der beste Beweis. Ich habe die Zeit dort als eine Art Feriencamp in Erinnerung, in dem auch Radio gemacht wurde. Es gibt ja manchmal solche Phasen im Leben. Man lebt sie besonders intensiv. Man genießt sie. Aber man weiß auch, wenn sie zu Ende sind. Und: dass sie nicht mehr wiederkommen werden.

«Können Sie backen? Oder einen Abfluss reparieren?» Konditoren und Klempner seien sehr gefragt. «Journalisten hatten wir hier noch nie», erklärt der skeptisch dreinguckende Herr, der mir gegenübersitzt. Er stellt in diesem Auswahlgespräch für ein US-Stipendium die entscheidenden Fragen, und mit meinen Antworten ist er nicht zufrieden. Es ist mein Versuch, bei einem Fernsehsender in Amerika zu landen. Er beginnt nicht gut. Ohne Stipendium kein Visum, ohne Visum keine Chance. Also bemühe ich mich zu erklären, wieso auch Journalisten im Grunde Handwerker sind und warum Amerika einen wie mich gut gebrauchen könnte. Am Ende bekomme ich noch kein Stipendium, aber zumindest ein Versprechen: Wenn ich einen US-Fernsehsender finde, der mich nimmt, dann würden sie eine Ausnahme machen.

Aber natürlich kommt Amerika ganz wunderbar ohne mich aus. Niemand hat auf den Radiomann aus Deutschland gewartet. Im Gegenteil: Dass sich da überhaupt jemand aus Deutschland meldet und einen Job sucht, wirkt eher suspekt. Es ist die Zeit, als die E-Mail kurz vor dem Durchbruch steht, aber eben erst kurz davor. Also beginnt für mich ein nächtelanger transatlantischer Telefonmarathon. Ostküste, Westküste, das weite Land zwischendrin. Die großen Regionalprogramme, die kleinen Klitschen. Der Senderboss, der Nachrichtenchef, die Produktionsleiterin. Ich habe sie alle kurz am Telefon. Das heißt: Bei den meisten habe ich die Vorzimmerdame kurz am Telefon und dann die Ansage: Schicken Sie ein Fax, wir rufen zurück. Ich habe gleich gewusst, das ist gelogen, und trotzdem jedes Mal wieder neu gehofft. Keiner der Sender hat je zurückgerufen.

Billy Otwell ist anders. Er ist der Einzige, der im Gespräch selbst ein paar Fragen stellt, ein bisschen was wissen will über den Anrufer aus Germany. Dann sagt er unvermittelt: «Das geht o. k., kommen Sie vorbei.» Und legt auf.

Ein paar Wochen später stehe ich vor der Tür eines weißen Flachbaus, Modell Lagerhalle, aber mit Satellitenschüsseln auf dem Dach. Und habe Angst, dass Billy Otwell sich nicht mehr erinnern kann, weder an mich noch an seine Zusage.

Das Gebäude selbst macht nicht viel her, aber vor der Tür parkt eine eindrucksvolle Flotte weißer Übertragungswagen mit dem Senderlogo, einer großen blauen «8», und dem Slogan: «Working for you». WTNH-TV, *Channel 8*, der lokale Ableger des ABC-Networks in New Haven, Connecticut, einem typischen Neuengland-Städtchen mit Elite-Uni und erschreckender Mordstatistik, mit weltweit führender Medizinforschung und Drogenszene auf der anderen Seite der Bahngleise. Kein schlechter Ort für Reporter.

Und Billy Otwell hält sein Wort. Fast ein Jahr lang bekommt *Channel 8* einen «Visiting Reporter» – und ich meinen Traum erfüllt.

«Wir lieben deine Texte», sagt die Redaktionsleiterin, «sie sind sehr klar, weil dein Wortschatz so übersichtlich ist.» Ich habe schon schöneres Lob bekommen, aber sie meint das ernst und strahlt übers ganze Gesicht: «Morgen schicken wir dich zur Frau mit den 60 Katzen. Riesenstory!»

Eine Taubenplage habe ich da schon hinter mir, einen entflohenen Affen auch. Und ich habe die Regel Nummer eins der amerikanischen Lokalnachrichten kapiert: Tiere gehen immer.

Regel zwei: Der tatsächliche Nachrichtenwert ist nachrangig, Hauptsache, die Bilder sind stark, und wir haben sie eher als die Konkurrenz, oder – noch besser – die Konkurrenz hat sie gar nicht. Bei der Frau mit den 60 Katzen zum Beispiel sind *Channel 8* und

Channel 3 pünkt ich vor Ort, aber *Channel 30* steht noch im Stau. Eigentlich nicht weiter schlimm, denn weder die Frau noch der Police Officer vor der Tür wollen mit der Presse reden. Und von den Katzen ist auch kaum etwas zu sehen. Als das Team von *Channel 30* schließlich etwas außer Atem auftaucht, höre ich meine Kollegen sagen: «Tja, ihr seid spät dran. Wir durften vorhin schon überall im Haus drehen, das sind unfassbar krasse Bilder. Viel Glück euch.»

Ich kann mir vorstellen, wie die Konkurrenz-Reporterin danach verzweifelt versucht hat, irgendjemanden zum Sprechen zu bewegen, und jede Katze der Umgebung abfilmte – abends wurde in ihrem Bericht jedenfalls auffällig oft erwähnt, wie krass es in dem Haus zugehe. Zu sehen bekam man davon nichts. Sie wird sehr geflucht haben, als auch in den zeitgleich laufenden Nachrichten der anderen kein einziges Bild aus dem Haus gesendet wurde. Wir mussten ihr später einen Drink ausgeben.

Tiefschürfende Politberichterstattung lernt man bei *Channel 8* eher nicht, aber man lernt Schnelligkeit. Ein fertiger Beitrag komplett geschnitten in 30 Minuten, das ist der Normalfall. Der Reporter textet unterwegs auf der Autobahn. In der Redaktion kümmert sich der Producer mittlerweile um einen möglichst attraktiven Teaser für das Thema. Dieser aufwendig produzierte Hinweis soll jeweils vor dem nächsten Werbeblock verhindern, dass jemand umschaltet. Es gab Tage, an denen war der Teaser länger und spannender als der eigentliche Beitrag.

Man sollte die Berufsauffassung und das Können von amerikanischen Lokaljournalisten nicht unterschätzen. Wenn der *Channel-8*-Polizeireporter auf einer Pressekonferenz so richtig in Fahrt kam, sollte sich der örtliche Bürgermeister besser gut vorbereitet haben. Den politischen Chefkorrespondenten des Senders, einen feinen weißhaarigen Herrn, der exakt so aussah, wie man sich politische Chefkorrespondenten vorstellt, und der auf der Straße ständig begeistert angesprochen wurde, habe ich mal nach Hartford begleitet, in die Hauptstadt des Bundesstaats. Er sollte dort zu einem brisanten Thema den Gouverneur interviewen. Schon auf die Eingangsfrage bekam er vom Regierungschef allerdings keine wirkliche Antwort. Zweimal noch hat der Reporter seine Frage wiederholt. Ohne Erfolg. Jedes Mal wich der Politiker aus. Dann wurde es dem Fernsehmann zu bunt: Er machte die Kamera aus, rief ein vernichtendes «Das ist unter Ihrer Würde, Governor» und ließ den verdutzten Landeschef stehen. Ich habe nur das Stativ getragen an diesem Tag, aber ich war sehr stolz, dabei gewesen zu sein.

Im Büro des Senderchefs liefen immer drei Fernseher: das eigene ABC-Programm, dazu das von NBC und CBS, deren Lokalnachrichten fast zum Verwechseln ähnlich wirkten, wenn die Moderatoren, allesamt lokale Superstars, nicht ihre spezifischen Marotten gehabt hätten. Der Tag, als auf zwei Bildschirmen plötzlich ein Großfeuer in der Nachbarstadt zu sehen war, während unser Übertragungswagen noch im Hof stand, endete mit lautem Gebrüll. Dann wurde der erfahrenste Reporter des Senders von einer Steinmauer auf dem Parkplatz vor der Tür in die laufende Sendung geschaltet. Wo der arme Mann versucht hat, nicht zu lügen und trotzdem so zu wirken, als sei er «fast schon» am Brandort.

Von dem Moment in einer Bankfiliale träume ich manchmal heute noch und sehe dann den Kassierer wieder vor mir, wie er mich angeguckt hat, als ich – Mikrofon in der Hand, Kameramann im Schlepptau – auf ihn zulief und fragte, wo denn der Räuber sei. Die Kollegen vom Assignment Desk im Sender, die alle Reporter mit Aufträgen versorgen und dazu rund um die Uhr den Polizeifunk mithören, hatten wieder eine ihrer kryptischen Kurznachrichten abgesetzt. «Possible bank robbery» stand da, gefolgt von der genauen Adresse der Filiale, die «möglicherweise überfallen» worden war. Genauso wie «possible plane crash» ein paar Tage zuvor, beides zum Glück nur Fehlalarm.

Irgendwann kam zu den drei Fernsehern im Büro des Chefs noch einer dazu. Und dann war Billy Otwell plötzlich weg. Eine Kündigungswelle hatte den *Channel 8* Newsroom erwischt. Und danach gehörte der Dauergast aus Germany plötzlich fast schon zum alten Eisen unter den Mitarbeitern. Die Konkurrenz war noch härter geworden, die Quoten waren schlechter. Auch der Fox-Kanal des erzkonservativen Medienmoguls Rupert Murdoch mischte im Lokalgeschäft mit und hatte außerdem gerade einen 24h-Nachrichtensender im Kabelprogramm gestartet. Fox war deutlich härter als die langjährigen Platzhirsche, politisch einseitiger – und damit überraschend erfolgreich. Ein Sender mit einer Mission. In den USA braute sich etwas zusammen.

Das habe ich aber erst Jahre später wirklich erkannt. Erst mal gab es nur zwei wichtige Fragen: Sollte ich in den USA bleiben? Eher nicht. Sollte ich beim Fernsehen bleiben? Das wollte ich unbedingt.

Nummer 37

«Don't move! Don't talk!», brüllt der Typ. Wer sich bewegt, wird bestraft. Wer es wagt, nur ein Wort zu sagen, auch. Seit über zwei Stunden schon sitze ich regungslos auf einer stinkenden Decke. Hände auf dem Rücken gefesselt, Augen verbunden. Meine Füße sind eingeschlafen, das Kreuz schmerzt. Es kommt mir vor wie eine Ewigkeit. Ich spüre, es sind noch andere im Raum, die mein Los teilen. Wir sitzen in der Falle, sie haben uns geschnappt.

Ein Kriegsgebiet, wir waren unterwegs, um ein paar Interviews zu machen, als dieser Checkpoint auftauchte, wilde Gestalten in Tarnanzügen, bis an die Zähne bewaffnet. Angeblich waren unsere Papiere nicht in Ordnung, irgendetwas hat den Männern nicht gepasst. Der Ton barsch, die Maschinengewehre bedrohlich. Dann haben sie uns mitgenommen. Don't move. Don't talk.

«Nummer 37, los! Aufstehen!», brüllt eine Stimme. Nummer 37, das bin ich. Namen spielen keine Rolle mehr, unsere Peiniger haben ihre Geiseln durchnummeriert. Ich werde abgeführt zu einem Verhör. Sie nehmen mir die Augenbinde ab, damit ich eine Art Geständnis in die Kamera sprechen kann. Ich verstehe nicht, worum es geht. An meinen Händen klebt eine rote Flüssigkeit, irgendwie muss ich in Blut gefasst haben. Der Mann, der hier die Befehle gibt, brüllt in einer Tour. Ich merke, wie mir paradoxerweise genau das hilft, mit der Situation zumindest einigermaßen umzugehen. Je lauter er schreit, desto ruhiger werde ich. Ich versuche, die Fragen so mechanisch wie möglich zu beantworten, nicht mehr zu sagen als unbedingt nötig. Noch haben sie mich nicht völlig fertiggemacht. Das ist der einzige positive Gedanke in den letzten Stunden.

Dann geht die Tür auf. Ein Oberstleutnant in deutscher Armeeuniform betritt den Raum, grinst in die Runde und meint: «So, vielen Dank, das war's.»

Alles nur ein Spiel – wenn man das so nennen kann. Krisentraining bei der Bundeswehr. Jeder ZDF-Reporter, der aus brisanten Weltregionen berichtet, muss einen solchen Kurs mitgemacht haben. Für mich wird es höchste Zeit!

Elf Jahre lang hat mich das «Morgenmagazin» bei besonderen Ereignissen «rausgeschickt». Vor allem aber habe ich die Sendung regelmäßig moderiert. Aufstehen gegen halb vier, bzw. allerspätestens, wenn der Wecker das dritte Mal klingelt. Dann die Erkenntnis: Jetzt den ganzen Tag morgenzumuffeln hilft auch niemandem weiter. Rückblickend ist mir allerdings schleierhaft, wie ein passionierter Langschläfer über ein Jahrzehnt in diesen Schichten glücklich wurde. Das Geheimnis liegt wohl in der Sendung: ein wilder, abwechslungsreicher Mix aus Politik, News, Show und Service plus zwei Kaffeetassen, die jeden Tag verlost werden wollten. Live und kurz hintereinander: mehrere Bundesminister im Studio, eine Parteichefin von der Opposition, der aufstrebende Star aus der Vorabendserie und eine Expertin für Kompostverwertung – das gibt es nirgendwo sonst im deutschen Fernsehen. So ein Team wie das *hinter* den Kulissen muss man auch lange suchen: aufstehen, wenn andere schlafen gehen, Nachrichtenstress, mieser Kaffee. Wohl auch deshalb arbeitet beim «Moma» eine ganz besonders nette Truppe.

Doch jetzt wartet ein neues Abenteuer: Auslandskorrespondent im Nahen Osten. Tel Aviv, Amman, Jerusalem, Gaza ... und erst mal Hammelburg.

Ein friedliches Städtchen in Unterfranken, mit netten Weinlokalen rund um den Marktplatz – und einem gigantischen Truppenübungsplatz. Es wirkt alles echt, weil alles echt ist. Die Armee hat hier verlassene Orte zur Verfügung mit realen Häusern, Straßen, Wäldern. Eine in sich geschlossene Welt, und sie erzielt ihre Wirkung erstaunlich schnell.

Mehrere Tage lang bekommen wir gezeigt, was alles schiefgehen kann in den unruhigen Regionen dieser Welt. «Das Ziel heißt Überleben», sagt der Oberstleutnant. Dafür allerdings werden die Teilnehmer des Lehrgangs täglich mehrfach «sterben». Wir geraten in Hinterhalte, werden «entführt» und «beschossen» von grimmig dreinguckenden Bundeswehrsoldaten, die ihre Rolle als Terrortrupp perfekt verinnerlicht haben. Es gibt tatsächlich Momente, in denen man vergisst, dass alles nur eine Übung ist. Es sind die Momente, in denen jeder hier viel lernt. Vor allem über sich selbst. Auf keinen Fall überreagieren, aber auch nicht zu ruhig werden. Angst in Maßen hält dich am Leben. Leichtsinn ist gefährlich, zu viel Sorge allerdings auch. Genau dreimal lang ein- und genauso wieder ausatmen. Das bringt den Puls runter. Diesen Tipp der Krisentrainer bei der Bundeswehr habe ich seitdem häufiger genutzt. Er hilft auch im Nachrichtenstudio, wenn die Sendung begonnen hat, aber der erste Beitrag noch nicht fertig ist.

Vieles andere lässt sich im Reporteralltag nicht hundertprozentig beherzigen. Schon während des Trainings in den Geisterdörfern der Bundeswehr hat die kleine Journalistengruppe gemerkt: Wer an jeder Ecke eine Sprengfalle vermutet, in jedem Händler auf dem Marktplatz einen potenziellen Terroristen sieht, mindestens aber einen übelmeinenden Zeitgenossen; wer grundsätzlich skeptisch ist, sich ständig nervös umguckt, unbekanntes Terrain nur im Laufschritt durchquert – der befolgt zwar exakt die militärischen Sicherheitsregeln, wird aber niemals eine ordentliche Reportage mitbringen. Auf Menschen zuzugehen, ihr Vertrauen zu gewinnen und ihnen im Gegenzug eben auch Vertrauen zu *schenken*, das sind keine Stärken von Soldaten, sollten aber solche von Journalisten sein. Wir Fernsehleute haben unsere Bundeswehrausbilder in die Verzweiflung getrieben, als wir mitten in deren Bedrohungsszenario auf die Statisten zugingen und anfingen, Interviews zu führen.

«Wenn geschossen wird, bleiben Sie unbedingt im Erdgeschoss

und meiden Sie die Fenster», hatten uns die Ausbilder noch eingebläut.

Ein paar Wochen später stehe ich vor dem Portier eines heruntergekommenen Hotels im Gazastreifen, es gibt keinen Strom, am Himmel dröhnen Israels Kampfjets, bei jedem Einschlag ihrer Raketen wankt der Boden.

«Tut mir leid, dass es so finster ist», entschuldigt sich der Hotel-Mann und verkündet dann mit großer Geste: «Aber dafür bekommen Sie die Penthouse-Suite mit Panoramablick.»

Willkommen im Nahen Osten.

TEIL 2: DRAUSSEN

Yalla!

«Welcome to the Middle East», das ist der Standardsatz von Moris, unserem Tonmann im ZDF-Studio Tel Aviv. Moris benutzt ihn als Trost, wenn mal wieder etwas schiefgelaufen ist. Oder – mit wissendem Grinsen – wenn etwas in letzter Sekunde klappt, obwohl alles darauf hindeutete, dass es schieflaufen würde.

Letzteres passiert deutlich häufiger. Und das sagt schon viel über diese Region.

Moris ist seit vielen Jahren dabei. Während der zweiten Intifada, des gewaltsamen Palästinenser-Aufstands in den von Israel besetzten Gebieten, hat er mit kleinen Tricks versucht, nicht zwischen die Fronten zu geraten. In den Gebieten der Palästinenser hat er die Kefiyah, das traditionelle Tuch, ins Auto gehängt und arabische Musik aufgedreht – bis zum Checkpoint der Israelis: «Dann weg mit dem Tuch, Armeeradio an und ‹Schalom› rufen.»

Moris ist arabischer Christ mit israelischem Pass. Außerdem in unserem TV-Team: ein jüdischer Israeli mit katholischer Ehefrau und ein palästinensischer Moslem mit Sehnsucht nach Österreich. Wir sind ein ganz gutes Beispiel dafür, dass es funktioniert: Man muss sich nicht hassen, nur weil man im Nahen Osten lebt. Man kann gut klarkommen, sich ergänzen, miteinander arbeiten und sogar Spaß dabei haben.

Ich war fünf Jahre lang ZDF-Korrespondent in der Region, habe zwei Kriege miterleben müssen, über Bombenanschläge berichtet und über Partynächte, Flüchtlingsdramen und Zugvögel, Gefangenenaustausch und Papstbesuch, Regierungskrisen und die besten Strände.

Und ich habe diese Ecke der Welt dabei lieben gelernt, ihre Geschichte, ihr Klima, ihre absurden Eigenarten – und ganz besonders ihre Menschen.

Aus der Entfernung mag es anders wirken, aber Nahost ist nicht nur Krieg und Konflikt. Die überwältigende Mehrheit der Menschen dort will schlicht in Frieden leben, so wie wir in Deutschland auch. Der scheinbar endlose Konflikt zwischen Israelis und Palästinensern ist keine mechanische «Spirale der Gewalt». Die Floskel ärgert mich, sie macht es sich viel zu einfach. Es gibt keinen Krieg auf Autopilot, sondern für jede Eskalation konkrete Gründe: politische, oft auch wirtschaftliche, militärische. Das zu zeigen ist Aufgabe des Journalismus.

«Die einen sagen so, die anderen so» ist nicht das Ende der journalistischen Arbeit. Sondern der Anfang. Ein Ansporn, der Sache auf den Grund zu gehen.

Das mag jetzt nach erstem Semester Journalismus-Proseminar klingen, nach einem Satz aus der kleinen Fibel für Reporter. Aber es ist der entscheidende Ausgangspunkt jeder Recherche. Und im Grunde auch so etwas wie der Kompass bei der täglichen Arbeit. Den nicht aus dem Auge zu verlieren ist gerade hier besonders kompliziert – und dann wieder besonders einfach. Es kann den Reporter um den Verstand bringen – und dann wieder zum Schmunzeln. «Never a dull moment» ist eine alte Korrespondentenweisheit im Nahen Osten. Egal, was passiert: Langweilig wird's nie.

«Yalla» heißt «Auf geht's!» Eigentlich ein arabisches Wort, aber inzwischen ganz selbstverständlich auch ins Hebräische integriert, steht es für die grundsätzliche Ungeduld einer ganzen Region. Und für deren Spontanität.

Nichts geht, und alles ist möglich. Wenn ich den Nahen Osten in einem Satz beschreiben müsste – das wäre er.

In Deutschland lässt sich in einem Nahverkehrszug Richtung Flughafen schon mal beobachten, wie der Schaffner eine ältere Dame aus Brasilien wegen Schwarzfahrens bestraft, weil sie nur ein Ticket für die zweite Klasse hat, aber bei der Tür mit der «1» eingestiegen ist. «Das sieht man doch», teilt er der verwirrten Frau in mäßigem Englisch mit und belehrt sie dann über die feinen Serviceunterschiede in deutschen S-Bahnen.

Noch ein Beispiel: Ein außergewöhnlich heißer Sommertag in einer deutschen Großstadt geht zu Ende, im Kneipenviertel genießen die Leute die laue Nacht. Bis exakt 22 Uhr. Dann muss alles ganz schnell gehen. Ein letztes Bier? Undenkbar. Der Wirt steht ungeduldig vor den Tischen, wenig später von zwei Polizeibeamten flankiert. Die erste Anzeige wegen Ruhestörung ist eingegangen.

Und noch ein Beispiel: Der Gültigkeit des Parkausweises für Anwohner ist nach 24 Monaten abgelaufen. Pünktlich am ersten Tag danach klebt das erste Knöllchen unter den Scheibenwischern, und die Politesse hat für eine Entschuldigung kein Ohr: «Da kann ja jeder kommen …»

Im Ausland lernt man Deutschland lieben, aber an solche Szenen werde ich mich nicht gewöhnen. Keine Frage: Ein Staat, in dem das Wasser aus dem Hahn trinkbar ist, in dem der Krankenwagen schnellstmöglich kommt und im brennenden Kino die Notausgänge funktionieren, ist unendlich viel wert. Aber was gerade Deutschland vom Nahen Osten lernen kann: ein bisschen mehr Gelassenheit und ein bisschen mehr Kulanz.

Ahmed, der langjährige palästinensische Producer in ZDF-Studio Tel Aviv, ist da ein guter Lehrer. Am Anfang muss er an mir verzweifelt sein. Da kommt der neue Korrespondent und bringt seine Ungeduld mit: «Warum weiß hier keiner von unserer Akkreditierung? Warum sehen die Kollegen in Deutschland auf der Überspielleitung für unsere Reportage nur Rauschen? Und wo bleibt der Interviewgast, der vor einer Stunde eingeplant war?»

Ich habe lernen müssen, dass zu viele drängelnde Fragen wenig bewirken. Die Kunst liegt darin, die Erfüllung des eigenen Anliegens zu einer Frage der Ehre für andere zu machen und dann – vor allem – Geduld zu haben. Für eine funktionierende Fernsehleitung via Weltall um die halbe Erde ist es unerlässlich, dass die Koordinaten des Satelliten exakt getroffen und dann präzise gehalten werden. In Deutschland ist so was computergestützte Maßarbeit, im Nahen Osten Improvisation. Wenn drei Minuten vor dem geplanten Live-Gespräch mit dem «heute-journal» weder Bild noch Ton stehen, weil der ägyptische Technikkollege mit einer verrosteten Metallschüssel in der Hand den Himmel abtastet, dann bringt es nichts, sich aufzuregen. Man beginnt nur noch stärker zu schwitzen in der Hitze, und das will auch niemand.

Am Ende hat kein Fernsehzuschauer in Deutschland gemerkt, dass die Live-Bilder aus Nahost einem Herrn mit eiserner Schüssel und eiserner Körperbeherrschung zu verdanken waren. Er hat drei Minuten lang kein bisschen gezittert. Weltumspannende Satellitenverbindung im Do-it-yourself-Verfahren.

Dieses Prinzip ist typisch für die Region: Regimegrößen, Terrorführer und Freiheitskämpfer stehen selten im Telefonbuch und lassen sich ungern googeln. Noch mehr als anderswo sind hier langjährige, persönliche Kontakte gefragt. Das beginnt schon bei der Adresse. «Fahren Sie zur Straße, in der die Tante des Zahnarztes wohnt, und biegen Sie dann rechts ab» ist hier keine besonders ausgefallene Routenbeschreibung. Gut also, wenn jemand sowohl den Zahnarzt als auch dessen Tante kennt. Jemand wie Ahmed, der nie mit dicken Notizbüchern hantiert und keine Landkarte lesen kann, weil er alle Kontakte im Kopf hat. Und notfalls jemanden kennt, der jemanden kennt, der wiederum jemanden kennt ...

Mitten in der kargen jordanischen Wüste hat Ahmed ein leer stehendes Haus aufgetrieben, von dessen Dach wir in Richtung Syrien filmen können. Und dazu diesen fundamental übersüßten, überstarken Kaffee organisiert, für den allein ich wieder dort hinfahren würde.

Ahmed kennt überall «den besten Laden», wobei die exakten Kriterien unklar bleiben: Hauptsache, die Geschichte stimmt. Es gibt diesen Kaffeeverkäufer am Damaskus-Tor in Jerusalem, der irgendwie anders sein soll als all die anderen dort. Den Mini-Imbiss[*] im Zwischengeschoss neben einer Autowerkstatt, der das palästinensische Nationalgericht *Musakhan* zelebriert, einen Hähnchenschmaus mit Zwiebeln und Pinienkernen, und natürlich den Hühnermann[**] neben der Kirche in Beit Jala. Wer sich nach dem Mahl dort mal die Hände abgeschleckt hat, versteht dessen legendären Ruf. Selbst Israels früherer Premier Ariel Sharon soll seinen Fahrer regelmäßig mit einer Großbestellung bei den Palästinensern vorbeigeschickt haben.

Ahmed kennt den Mönch, der den Schlüssel zum Hintereingang der Geburtskirche in Bethlehem hat, den Kommandeur des jordanischen Grenzübergangs, dessen Checkpoint für die Presse gesperrt ist – eigentlich –, und den Empfangschef im «American Colony Hotel»[***], sagenumwobener Treffpunkt von Journalisten, Politikern und Spionen im arabischen Ostteil von Jerusalem.

Ahmed hat dort mal spontan ein Bett klargemacht für einen sowjetischen Staatschef a.D., der sich im Getümmel in Jerusalems Altstadt unwohl fühlte und Ruhe brauchte. In der Lobby des Hotels erinnert eine gravierte Marmorplatte bis heute an das Ereignis.

Es lohnt sich also, auf Ahmed zu vertrauen und auf sein spezielles Improvisationstalent. Er hat mir gezeigt: Ein gutes Stück Gelassenheit zahlt sich aus. Im Job. Im Leben auch. Und nirgendwo kann man das besser gebrauchen als im Nahen Osten.

---

[*] **Baladna-Grill** in Nablus, an der Ausfallstraße in Richtung Norden hinter dem Stadtzentrum auf der linken Seite.

[**] **Qa'bar's** Imbiss, im Stadtzentrum neben der Post, Beit Jala.

[***] Das wunderbar romantische **American Colony** sieht sich als «neutrale Zone»: Der Chef ist Schweizer. Die berühmte **Bar** liegt an der Lobby vorbei unten im Keller. Im Hochsommer mixt Barmann Fati draußen unter Palmen. Der **Bookshop** ist eine Fundgrube für Infos, Karten und Literatur über die Region.

Shalom

«Als Deutscher in Israel? Da wirst du doch ständig auf den Holocaust angesprochen.»

Wer erzählt, dass er für längere Zeit nach Tel Aviv zieht, hört Sätze wie diesen häufiger. In Deutschland, wohlgemerkt.

Und dann: die allererste Verkäuferin in der allerersten dieser großartigen Saftbuden[*], die Tel Avivs Boulevards säumen, der allererste *Mitz-Tapu-Gezer*, eine perfekte Mischung aus Orange und Karotte. Und wie alle Israelis will die junge Frau irgendwann wissen: «Wo kommst du her?»

«Aus Berlin», sage ich vorsichtig und warte gespannt, was jetzt folgt.

«Ahhhh, Berlin! Großartig! Da war ich gerade letzte Woche. Kannst du mir noch ein paar Bars empfehlen? Ich fahre in zwei Monaten wieder hin.»

Die Reaktion ist kein Einzelfall, bei jungen Israelis ist sie die Regel. Ich hatte irgendwann eine kleine Liste mit empfehlenswerten Orten in der Stadt, aus der ich kam, die ich aber mit der Zeit weniger gut zu kennen schien als viele Tel Avivis, die offenbar ständig hin- und herflogen.

Die Verbindungen zwischen den beiden Ländern waren nie so gut wie jetzt, aber wer zum ersten Mal aus Deutschland nach Israel reist, hat meist viele Fragen im Kopf. Und hätte trotzdem nie gedacht, dass eine davon sein würde: «Wer zum Teufel ist Carolina Lemke?»

Mit diesem Namen und meterhohen Postern des Supermodels Bar Refaeli wirbt eine israelische Sonnenbrillen-Marke unüber-

---

[*] Mein Favorit: **Sheinkin-Straße 54**. Für jeden Gemüts- und Gesundheitszustand die passende Saftkombination.

sehbar im ganzen Land. Aber vor allem wirbt sie mit dem Zusatz «Berlin». *Carolina Lemke, Berlin*? In der deutschen Hauptstadt hat noch nie jemand von der Designerin gehört. Wir haben bei der Firma mehrfach nachgehakt und immer nur ausweichende Antworten bekommen. Wahrscheinlich gibt es weder in Berlin noch in Israel eine Carolina Lemke, die Sonnenbrillen entwirft. Es gibt schlicht eine Marketingstrategie. Und die Firma hat damit Erfolg. Das sagt schon viel.

Ausgerechnet in Israel: Berlin als Inbegriff für cool, chic, im Trend?

«Ja, so ist es», lächelt David Malach, ein ziemlich verrückter Modeschöpfer, dessen Boutique «Salon Berlin» heißt. Natürlich. Mittlerweile ist eine Bar᛫ daraus entstanden. Natürlich. «In den Achtzigern nannte man so was ‹Salon London›, aber in den letzten Jahren ist Berlin zur absoluten Hauptstadt von Europa geworden. Und besser als New York.»

Hier kommt Alex, dröhnt es aus einer Halle in einem Vorort von Tel Aviv. «Haus für israelische Künstler» steht über dem Eingang, aber im Moment sind Künstler aus Deutschland da. Deren Namen kann hier kaum einer aussprechen, kaum einer versteht die Texte, aber die Stimmung könnte nicht besser sein: *Vorhang auf für ein kleines bisschen Horrorshow.* Die Toten Hosen sind zum ersten Mal in Israel. Die Band hat Erfahrung mit Spezialauftritten weltweit und jetzt trotzdem Bammel. «Dass es mittlerweile so ein Verhältnis zwischen den beiden Ländern gibt, dass das möglich ist», hatte uns Sänger Campino am Nachmittag am Strand erzählt, «das ist die eigentliche Sensation.»

Ein paar Stunden und mehrere Zugaben später steht Campino verschwitzt in der Garderobe und strahlt über das ganze Gesicht. Das israelische Publikum hat ihn umgehauen: «Am Schluss hat

᛫ **Salon Berlin**, Najara-Straße 15, Tel Aviv.

keiner mehr nachgedacht, woher die Leute sind und woher wir sind. Das war einfach ein Abend zusammen. Das war toll.» «Laila tov!», brüllt Campino zum Schluss in den ausverkauften Saal: gute Nacht!

Fernab der Politik, jenseits von Staatsbesuchen und Festreden hat sich etwas getan im deutsch-israelischen Verhältnis. Dreh- und Angelpunkt dabei: der Ruf und Reiz von Berlin. Das färbt ab. An den Goethe-Instituten in Israel und bei privaten Schulen: Die Deutsch-Kurse sind ausgebucht. Umgekehrt gilt das übrigens auch. Wer sich als Deutsche/-r hier richtig verliebt hat, lernt Hebräisch.

Ich habe mich mal auf die Sheinkin-Straße in Tel Aviv gestellt und Passanten gefragt, welchen Begriff sie spontan mit «Berlin» verbinden. Gut, es ist Tel Aviv und nicht wirklich repräsentativ für ganz Israel, und auf der Sheinkin ist ein junges, bisschen alternatives Publikum unterwegs, aber am häufigsten genannt wurden: «Party», «Bier» und «Sex».

«Nazi» hat keiner gesagt.

Aber selbstverständlich lebt die Erinnerung fort, an den von Deutschen und in deutschem Namen begangenen Massenmord an sechs Millionen Juden während der Nazizeit. Wer die Holocaust-Gedenkstätte Yad Vashem in Jerusalem besucht und sich danach noch anderes vornehmen will, merkt schnell: keine gute Idee. Das sind dort Denkmäler, die wirklich zu denken geben, und die dokumentierten Schicksale werfen einen aus der Bahn – exakt so, wie auch von der Architektur des Museums mit seinem Zickzackrundgang gewollt. Ich habe dort deutsche Spitzenpolitiker auf Staatsbesuch begleitet, deren Zeitplan eine Stunde vorsah für Yad Vashem. Nach einer weiteren Stunde war der Gast aus Deutschland immer noch da, ganz still und mit Tränen in den Augen.

Man muss nicht Auslandskorrespondent sein, um in Israel Menschen zu treffen, deren Geschichten und deren Herzlichkeit unvergesslich sind.

Nicht weit entfernt vom ZDF-Studio liegt die Bankfiliale, in der ich ein Konto eröffnen wollte. Weil so etwas in Israel bürokratischer Formularwahnsinn ist und der Kassierer noch ein paar Unterschriften seiner Chefs brauchte, habe ich im Café neben der Bank ziemlich viel Zeit verbracht. Und dabei fiel mir auf, dass sie Quarkschnitte anboten und Schwarzwälder Kirschtorte. In Tel Aviv! Bei regelmäßig über 30 Grad im Schatten!

Die Erklärung ist so einfach wie rührend: Um die Ecke liegt ein Altersheim für Holocaust-Überlebende. Dort treffe ich mich für einen Beitrag in den 19-Uhr-Nachrichten mit Yair und Zeev zum Kaffee. Die beiden Freunde sind 89 und 92 Jahre alt. Diesmal gibt es Apfelstrudel und Mozartschnitte.

Bei ihnen hat die Erinnerung an Deutschland nichts mit Trend zu tun. Und viel mit Schmerz.

«Früher wollten die Leute hier nichts Deutsches kaufen, auf keinen Fall, sie wollten sogar nicht mehr Deutsch sprechen, obwohl es ihre Muttersprache war», sagt Yair, auf Deutsch. «Jetzt ist Deutschland einer der besten Freunde Israels.»

Die beiden reiben sich manchmal die Augen, aber sie sagen auch: «Wenn ich heute mit einem Deutschen spreche, denke ich nicht, was hat der Großvater gemacht? Ich sehe den Menschen ohne die Vergangenheit.»

Als die Kamera aus ist, haben wir noch lange weitergesprochen. Der Apfelstrudel war längst alle, der Kaffee kalt, nur eine Mozartschnitte lag noch in der Sonne. Aber keiner wollte gehen. Wir haben über Berlin geredet – vor dem Krieg und jetzt. Zeev berlinert, als habe er nie irgendwo anders gelebt. Yair erzählte, wie die Nazis seine Eltern ermordeten und dass er nie aufgehört habe, Nachrichten aus Deutschland zu verfolgen, «in der Television». Ich gebe zu, ich habe immer wieder mit den Tränen gekämpft. Und ich hoffe, die beiden haben es nicht zu sehr gemerkt.

Von all den Entwicklungen, über die ich in meiner Zeit als Nahost-Korrespondent berichtet habe, war das mit Sicherheit die beste: wie aus Beziehungen zwischen Staaten Beziehungen von Menschen geworden sind. Die Vergangenheit im Gedächtnis, hat für Deutsche und Israelis die Zukunft begonnen.

Um eine Geschichte filmen zu können über die (erstaunliche) Zahl von Israelis, die gleich ganz nach Berlin umziehen, haben wir nie lange suchen müssen. Alon, der israelische Producer im Studio, hat einfach schnell ein paar Kumpels angerufen. Wir hätten auch ihn selbst filmen können, als Pendler zwischen den Welten. Unser zweiter Producer, Daniel, spricht Deutsch mit Wiener Kaffeehaus-Akzent und kann sowohl die Dienstränge der israelischen Streitkräfte herunterbeten als auch auf Satellitenbildern versteckte syrische Raketenstellungen orten.

Ohne die Kontakte der lokalen Kollegen, ohne deren Erfahrung, die man sich nicht anlesen kann, sondern er*lebt* haben muss, kann ein Auslandskorrespondent gleich zu Hause bleiben. Je unterschiedlicher die Biographien der einheimischen Kollegen, desto besser. Denn es gilt so viele Gegensätze zu verstehen.

Vor dem Besuch eines deutschen Ministers in Israel erwarten nur Neulinge einen genauen Zeitplan von den Gastgebern. Deren Pressestelle bleibt gelassen: «Wieso? Er kommt doch erst morgen.» Zur feierlichen Unterzeichnung diverser Abkommen erscheint die deutsche Delegation dann trotz schweißtreibender Hitze in Anzug und Krawatte. Israels Presse (und erfahrene Auslandskorrespondenten) tragen Flipflops. Damit geht man übrigens völlig schmerzfrei auch in die Oper. Bei einer jüdischen Beerdigung im Hochsommer war ich der einzige Trauergast, der *nicht* im T-Shirt erschien.

Lockeres Outfit sagt nichts über mangelnde Ernsthaftigkeit, aber einen Preis für die bestgekleideten Bewohner wird Israel eben auch nie gewinnen. Wichtiger als die Optik ist ohnehin die Gestik: Daumen und Finger zeigen zusammengeführt nach oben, die ganze Hand schwingt mehrfach Richtung Schulter: In Italien ist so was eine versteckte Drohung, in Israel die nationale Handbewegung. *Rak rega!* Moment mal! Betagte Omis überqueren so dreispurige Straßen, in der einen Hand den Gehstock, mit der anderen diese Geste. In Israels Parlament wird damit debattiert. Und man bekommt sie von der Freundin vors Gesicht gehalten, wenn sie in einer Diskussion nicht unterbrochen werden will. Geduld ist alles andere als eine israelische Grundtugend. Der Autoverkehr – ohne Hupe unvorstellbar. Es gilt das Recht des Schnelleren. Die einzig wichtige Regel lautet: Wer seine Karosserie auch nur einen Millimeter vor den anderen schieben kann, hat automatisch Vorfahrt und markiert das durch ein kurzes Hupsignal. Blindes Vertrauen auf «rechts vor links» oder ähnliche Regeln führt nur zu einer ärgerlich hohen Zahl von Werkstatttagen.

Wer länger in Israel lebt, muss beim Amt für Straßenverkehr den Führerschein (nach)machen, und zwar noch mal ganz von vorn. «Du wirkst nervös», sagt mir mein Fahrlehrer gleich zu Beginn der ersten Stunde. Kein Wunder, schließlich male ich mir gerade aus, wie wohl der Sender reagiert, sollte ich ihm mitteilen müssen, dass ich nach zwei Jahrzehnten Fahrpraxis ausgerechnet in Israel durch die Prüfung gefallen bin. Ich bestehe schließlich – mit feuchten Händen. Den Führerschein auf Hebräisch habe ich mir eingerahmt. Entscheidend war der Tipp des Fahrlehrers: «Mach alles anders, als du es normalerweise machst. Und: Finger weg von der Hupe!» In der Prüfung bin ich dann vorschriftsmäßig durch Tel Avivs Verkehrschaos geschlichen, begleitet von einer eindrucksvollen Reihe drängelnder Autofahrer hinter mir – und einem gellenden Hupkonzert.

Israelis sind direkt. Mit höflicher Zurückhaltung kommt hier niemand weiter. Gediegene Seriosität ausstrahlen hilft nicht mal bei der Wohnungssuche. Am Anfang habe ich mich noch gewundert, wieso sich der Vermieter bei den Vertragsverhandlungen immer so unvermittelt aufregt. Später bin ich dann selbst laut geworden, habe auf den Tisch gehauen und mich Sätze sagen hören wie «Mit dieser Miete ziehst du mir das letzte Hemd aus» oder «Das ist wirklich mein allerletztes Angebot!». Dabei stand ich auf und machte Anstalten, zu gehen, der Vermieter rief aufgeregt: «O. k., aber was ist dein allerallerletztes Angebot?»

Irgendwann stießen wir dann beide auf die Zukunft an. Und der Mieter aus Deutschland stellte später fest, dass er trotzdem viel zu viel zahlt.

Israel ist laut. Irgendwo plärrt immer Musik, jede Diskussion braucht ordentlich Dezibel, in langen Sommernächten sitzen sowieso alle zusammen draußen, auf den Straßen und Plätzen, vor Cafés und Bars. Und dann – einmal pro Woche – ist Israel plötzlich ganz leise. Wenn Freitagabend der Sabbat beginnt und alles wie leer gefegt wirkt. Wo gerade noch der Verkehr tobte, ist kein Auto mehr zu sehen. Man muss nicht religiös sein, um diese Zeit magisch zu finden. Selbst die Partystadt am Mittelmeer fährt mal eben ganz runter. Wie um durchzuatmen – denn gleich darauf legt Tel Aviv erst richtig los.

Freitag / Samstag, das jüdische Wochenende, ist hier ein Unterhaltungsmarathon, der seinesgleichen sucht. Tel Aviv ist mit Sicherheit eine der besten Ausgehstädte der Welt, die Auswahl an Restaurants[*], Bars, Clubs beeindruckt, die Trends ändern sich schneller als irgendwo sonst, und ein eigener «Party-Bürgermeister» im Rathaus achtet darauf, dass all das auch so bleibt.

---

[*] Ein paar Dauer-Favoriten:
Café Italia. Wenn Israelis italienisch kochen. Zum (günstigen) Mittagsmenü pilgern Showstars und Wirtschaftsmagnaten des Landes extra hierher ins Industriegebiet. Und manchmal ein paar Auslandskorrespondenten, deren Büro um die Ecke liegt.

Aber es ist nicht die schiere Masse, die so begeistert, es sind die Details. Wenn von sechs Gästen am Restaurant-Tisch *einer* ein Dessert bestellt, wird jeder Kellner ungefragt sechs Löffel mitbringen. Es könnte ja sein, dass die anderen probieren möchten. Frische Zutaten und ihre originelle Kombination machen es schwer, ein richtig schlechtes Restaurant zu finden. Die Leute lieben Essen, Essengehen ist eine nationale Leidenschaft. Köche sind Superstars, die Kochshow im Fernsehen hat Einschaltquoten wie bei uns ein Fußballfinale.

Tom Franz kommt aus Köln, und er kann kochen. Im Hauptabendprogramm brutzelt er mit anderen Köchen um die Wette, und das halbe Land drückt die Daumen. Seit vielen Jahren lebt Franz in Israel, in perfektem Hebräisch erklärt er den Zuschauern sein Gericht: Forelle mit Kartoffeln an einer Orangensauce. Die TV-Jury ist begeistert, ein landesweit bekannter Starkoch lässt seiner poetischen Ader freien Lauf: «Die Kartoffel wird von einer leichten Zitrusnote berührt, mit säuerlichem Hauch. Da verstehst du plötzlich, welche Größe in einer Kartoffel steckt.» Am Ende ist die Sensation perfekt: Ein Deutscher wird «Israels Meisterkoch».

Mehrfach sind wir mit Tom Franz durch Küchen und über Märkte gezogen. 52,3 % der Zuschauer hatten das Finale mit seinem Gewinnergericht gesehen, die zweithöchste Einschaltquote in der israelischen Fernsehgeschichte. Überall wird der Mann erkannt, ständig angequatscht, an einer Straßenecke haut ihm ein Passant auf die Schulter: «Das Schnitzel mit Sesamsauce, das du gemacht hast – unglaublich! Darauf wäre ich nie gekommen, viel Glück dir.»

Tzafon Abraxas. Ich sage nur: Blumenkohl – am Stück serviert und ein Erlebnis. Jeden Abend Party in der Küche und mit den Gästen am Tresen.
Montefiore. Stimmungsvolle Villa im Zentrum. Auf der Karte lauter Klassiker mit besonderer Israel-Note.

«Moris erklärt den Nahen Osten» hieß eine kleine Serie im ZDF-Programm, in der unser Tonmann Moris ausnahmsweise *vor* der Kamera auftrat. In seiner unnachahmlichen Art und mit einem Kauderwelsch aus Arabisch, Hebräisch, Englisch und – einer Art – Deutsch befasste er sich mit wichtigen Alltagsfragen: Wie gestehe ich einer Angebeteten meine Liebe? (Möglichst blumig.) Wie lege ich Oliven ein? (Nach Großmutters Hausrezept.) Wie drängele ich mich erfolgreich in die Warteschlange? (Ohne Skrupel und Rücksicht auf den Ruf.) Wie parke ich korrekt ein? (Was nicht passt, wird passend gemacht.)

Dafür gab es zwar keinen Prime-Time-Sendeplatz, aber es hat viel Spaß gemacht. Und seit Moris am Düsseldorfer Hauptbahnhof mal von einer Gruppe begeisterter Studentinnen angesprochen wurde, trägt er, zu Recht stolz, den Titel: berühmtester Fernsehtontechniker des Nahen Ostens.

Geschichten über Essen, Mode, Liebe, Humor – sie alle gehören ins deutsche Fernsehen. Weil eben auch sie eine Region ausmachen und abbilden, selbst eine, die als Krisenregion gilt. Und damit sind wir bei einem Kerndilemma der Auslandskorrespondenten. Denn natürlich ist es wesentlich einfacher, ins Programm zu kommen, wenn das Ereignis weltweit Eilmeldungen produziert und die Kollegen von CNN gerade mit der Rund-um-die-Uhr-Berichterstattung beginnen. Alles andere ist häufig Überzeugungsarbeit in den Redaktionen zu Hause, kombiniert mit einem Sinn fürs richtige Timing – und Glück. Es bleibt ein Dilemma.

«Krisengebiet» ist so ein Begriff, der sich festsetzt. Ganze Regionen bekommen ihr Label und ein Negativ-Image, das sie lange nicht wieder loswerden. Die räumliche Einordnung gelingt dem internationalen Journalismus häufig schlechter als die politische. Wie klein zum Beispiel der Gazastreifen ist, lässt sich im Fernsehen schwer vermitteln, vor Ort jedoch hat man ständig die Schornsteine eines

Kraftwerks vor Augen. Und das steht schon in Israel, ganz nah also. Und doch unerreichbar weit weg. Eine Tour durch Jerusalems Altstadt bringt mehr Erkenntnis als Dutzende wohlformulierte Dossiers. Denn hier liegen die Heiligtümer dreier Weltreligionen dicht nebeneinander. Wer schon Nachbarschaftsstreits vor deutschen Gerichten normal findet, wird den Nahost-Konflikt nach einer solchen Ortsbegehung für unausweichlich halten.

Im Fernsehen zeigen wir gerne Landkarten zur allgemeinen Orientierung, suchen dann aber gezielt die dramatischsten Bilder aus, um ein bestimmtes Ereignis zu beschreiben. Ein gutes Beispiel ist Jordanien. Das Königreich ist ein stabiles, freundliches, überwältigendes Reiseland, dessen Tourismusindustrie zu kämpfen hat, weil potenzielle Urlauber «Nahost» hören und auf den Übersichtskarten die Nachbarländer sehen: Syrien, Irak. Auch Israel beschwert sich regelmäßig über zu negative Berichterstattung und hat sein touristisches Potenzial bei weitem nicht ausgeschöpft. Auf jede Rekordmeldung der Hotelbetreiber folgt der Hilferuf, ihre Häuser stünden halb leer. Die Besucherzahlen entwickeln sich umgekehrt proportional zur Frequenz, mit der das Land in den Nachrichten ist.

Nun kann man niemandem verübeln, die Urlaubspläne zu ändern, um Raketenbeschuss am Frühstücksbuffet zu entgehen, und die Medien sind nicht verantwortlich dafür, *dass* es in einer Region immer wieder zu Krieg und Tod kommt. Aber es hilft – das gilt ganz allgemein und heute mehr denn je –, mal über die Natur einer Nachricht zu sprechen. Die Frage wird auch hier noch häufiger eine Rolle spielen: Was ist das eigentlich – «die Nachrichten»? Und was macht das mit einer Region, wenn sie aus den Schlagzeilen nicht herauskommt?

Sicherheitsgründe

Fernsehreporter sollten nie wirken wie Tourismusmanager, aber wenn Freunde, Verwandte, Kollegen nach Tipps und Rat fragten, hatte ich all die Jahre immer dieselbe Antwort, egal, was gerade los war: Ja, Israel[*] und das Westjordanland[**] sind phantastische Urlaubsziele[***]!

Aber sie sind nicht die Schweiz.

Das alles bestimmende Wort hier heißt: Sicherheit. Und das wird schon vor dem Abflug klar. Wer sich auf Flughäfen gerne mal verläuft und die Anzeigetafeln verwirrend findet, wird mit Flügen nach Tel Aviv kein Problem haben. Die sind sofort zu erkennen. Immer im Abseits, umringt von Uniformierten mit Maschinengewehr. Die Passagiere am Sonder-Gate. Sicherheitskontrolle gleich doppelt. Wenn eine Maschine der israelischen Fluggesellschaft El Al in Berlin landet, wartet direkt neben der Piste bereits ein Panzerfahrzeug der Polizei. Man kann das befremdlich finden oder bedrohlich. Oder beruhigend. Ich habe den Panzerwagen irgendwann als eine Art Eskorte gesehen. Motto: Da kommen die Nahostler, die haben viel erlebt, auf die müssen wir besonders achten.

Mein allererster Flug nach Israel – das waren noch andere Zeiten, bevor die Anschläge vom 11. September nicht nur in der Luftfahrt so viel veränderten. Die österreichischen Piloten ließen damals die Tür zum Cockpit weit offen. Aus der Kabine konnten alle dabei zusehen, wie der Kapitän ein Bein cool auf der Mittelkonsole neben den Schubhebeln abgestellt hatte und kaugummikauend mit sei-

---

[*] Nicht verpassen: **1. Jerusalem 2. Negev-Wüste 3. Tel Aviv.**

[**] Nicht verpassen: **1. Sebastia 2. Nablus 3. Ramallah.**

[***] Vom Spätsommer bis weit in den Dezember hinein. Und dann wieder ab März bis Juni.

nem Kollegen plauderte, während die Küste des Gelobten Landes in Sicht kam.

Auf dem Wiener Flughafen war die Tel-Aviv-Maschine am Terminal direkt neben der nach Teheran geparkt, orthodoxe Juden und schwarz gewandete Mullahs auf Tuchfühlung. Das zumindest hat sich bis heute nicht geändert. Und es scheint interessanterweise auch nicht unsicherer zu sein als die Exil-Position für Israel-Maschinen auf deutschen Flughäfen.

Fast jede Geschichte über eine Reise nach Israel beginnt mit der Sicherheitskontrolle. Ganze Smalltalk-Abende auf Partys lassen sich damit bestreiten, es gibt Horrorstorys ohne Ende. Da werden allein reisende Passagiere stundenlang verhört, manche verpassen deshalb ihren Flug, anderen ist die Lust auf Israel schon vor dem Start gründlich vergangen. Immer häufiger wollen die Kontrolleure auch die Passwörter für Facebook und Twitter wissen, um dann mit Handy oder Laptop der Fluggäste erst mal zu verschwinden.

Wer jetzt laut wird, wartet doppelt so lange. Nachfragen bringt nichts. Die Antwort ist immer dieselbe: «Sicherheitsgründe.»

Sicherheitsgründe bestimmen dieses Land, in dem es so viel Unsicherheit gibt. Die Methoden sind gleichermaßen verstörend wie effektiv. Gleiche Behandlung für alle? Da können Israels Sicherheitsbeamte nur müde lächeln. Beim Neujahrsempfang des Premierministers für die Auslandspresse sind auch arabische Kolleginnen und Kollegen eingeladen, und gerade diese Gäste werden erst einmal aufgefordert, sich in einem Vorraum des Veranstaltungssaals zur Kontrolle auszuziehen. Sicherheitsgründe.

Vor einem Flug mit Israels Regierungschef zur UN-Generalversammlung nach New York frage ich einen der Bodyguards, wann denn die Akkreditierungsausweise verteilt werden. «So etwas brauchen wir nicht», antwortet er und löchert mich stattdessen 40 Minuten lang mit Fragen. Dann sagt er: «Jetzt kenne ich dich, das reicht.» In der Tat: In den nächsten vier Tagen werden wir im Schlepptau des bestbewachten Politikers der Welt von den Herren mit Sonnenbrille und Knopf im Ohr überall durchgewunken. Auf dem Rückweg wollen sie nicht mal mehr das Handgepäck sehen.

Am Flughafen Berlin-Schönefeld nimmt der israelische Kontrolleur meine Bordkarte unter die Lupe und will dann wissen: «Wie viele Abgeordnete hat der Deutsche Bundestag?» Meine Antwort scheint ihn nicht zu überzeugen, denn nach ein paar Minuten kommt die Frage genau so wieder: «Wie viele Abgeordnete hat der Deutsche Bundestag?» Insgesamt vier Mal will er das wissen. Ich überlege kurz, ob ich mich nach seinem Wohlbefinden erkundigen soll, dann wird mir klar: Das Ganze ist nur vordergründig absurd. Man darf annehmen, dass da kein grundsätzliches Interesse am deutschen Parlamentarismus entstanden ist, sondern schlicht die Frage zu klären, wie verdächtig verhält sich der Passagier unter Druck.

Ein Korrespondenten-Kollege hat es nach wiederholten Schwierigkeiten bei den Kontrollen am Flughafen von Tel Aviv mal mit einem Brief des israelischen Innenministers versucht, in dem dieser persönlich darum bat, den Korrespondenten doch, bitte schön, unkompliziert abzufertigen. Das war verdächtig. Kaum hatte der Kollege – diesmal erst kurz vor Abflug am Check-in erschienen – seinen Brief präsentiert, da wurde er schon abgeführt. Statt an Bord landete er in einer ausgedehnten Befragung und der offizielle Brief im Müll.

Seit einem Erlebnis, das mit einem freundlich grinsenden Sicherheitsmenschen begann, der etwas von «zusätzlichen Überprüfungen» murmelte, kann ich bestätigen: Wer mal, ausschließlich mit Unterhose bekleidet, in einer Art Umkleidekabine mitten im Flughafenterminal stand, Pass, Ticket, Handgepäck, Handy, alles weg, von mehreren Kontrolleuren nacheinander mitgenommen, der weiß, wie sich das anfühlt: Hilflosigkeit. Machtlosigkeit. Ausgeliefert sein. Und auch: Wut.

Um die Hintergründe zu begreifen, genügt ein markanter Satz, den mir der ehemalige Sicherheitschef des Tel Aviver Flughafens mal in einem Interview gesagt hat und den ich nicht vergessen werde. Er ist das Mantra von Israels Flugsicherheitsapparat und gleichzeitig das Geheimnis seines Erfolgs: «Wir suchen nicht die Bombe, wir suchen den Bombenleger.» All die Fragen, der bohrende Blick speziell geschulter Mitarbeiter, die gezielte Auswahl, wer intensiv gefilzt wird, sind Teil dieser Methode. Psychologie statt Technik. Profiling statt Routine. Von Kontrollen wie an deutschen Flughäfen, wo häufig genervtes – und manchmal überfordertes – Personal jeden einzelnen Passagier auf genau dieselbe Art und Weise checken soll, halten Israels Sicherheitsfachleute nichts. «Vieles davon ist doch nur Show», sagen sie hinter vorgehaltener Hand, «um den Passagieren Sicherheit vorzugaukeln.» Ich hatte jahrelang ab Tel Aviv nach Deutschland Wasser und Wein, Haarshampoo und die große Packung Sonnencreme problemlos im Handgepäck dabei, während in umgekehrter Richtung der Minifläschchen-im-Plastikbeutel-Wahnsinn rigoros umgesetzt wurde.

Es gibt Momente, da bringt einen die schiere Effektivität des israelischen Systems tatsächlich zum Nachdenken: Am israelisch kontrollierten Übergang nach Jordanien, für viele Palästinenser aus dem Westjordanland der einzige Weg in die Welt, platzt mir fast der Kragen, als eine gebrechliche Dame mit Kopftuch und tiefen Furchen im Gesicht schikaniert wird. Barsch befehlen ihr Israels Grenzer, den großen Koffer auf einen Tisch zu hieven, und wühlen sich dann durch Wäscheberge. Der Frau steht das Entsetzen im Gesicht.

Aber dann kann man aus der Entfernung mit ansehen, wie die Grenzer unten im Koffer plötzlich auf stapelweise Kartons stoßen: knapp zwei Dutzend brandneue Handys. Der Verdacht drängt sich auf, dass die Frau eine Schmugglerin ist oder vielleicht sogar im Kurierdienst für Attentäter, die mit exakt solchen Mobiltelefonen ihre Bomben fernsteuern.

Die israelische Methode hat ihre Fürsprecher, aber sie hat eben auch einen genauso grundsätzlichen wie entscheidenden Haken. Sie basiert auf einem System, das mit liberalen Bürgerrechten für alle, mit Gleichbehandlung ohne Ansehen von Herkunft und Religion, nicht zu vereinbaren ist.

Ein deutscher Fernsehkorrespondent, der Christian heißt, jahrelang in Israel lebt, dutzendfach ein- und ausreist, kommt mit der Zeit im Rekordtempo durch die Kontrollen. «Willkommen zu Hause», grinst die junge Border-Police-Beamtin bei der Einreise. Und beim Abflug: 15 Minuten vom Taxi zum Gate – in TLV ist das mit der Zeit kein Problem mehr. In FRA wäre es undenkbar.

Ahmed, der palästinensische Producer im ZDF-Studio Tel Aviv, ist in Jerusalem geboren und aufgewachsen. Er hat sich nie etwas zuschulden kommen lassen. Er arbeitet schon deutlich länger für das deutsche Fernsehen als ich – und muss trotzdem immer wieder zur Sonderkontrolle. Immer wieder dieselben Fragen. Drei lange Stunden vor jedem Abflug im Terminal, die zur Demütigung werden.

Mehr als die politische Gesamtlage, dieser sogenannte Friedensprozess, der schon lange kein Prozess mehr ist, sondern nur noch eine Worthülle, hinter der sich politische Agenden gefährlich gut verstecken lassen, mehr als all das treffen ihn die Schikanen im Alltag. Dass er morgens, mittags, abends, auf jedem Weg nach Hause durch den Checkpoint muss und auf Reisen mit unserem TV-Team immer am längsten von allen kontrolliert wird – einfach, weil er Palästinenser ist und Moslem. Weil er Ahmed heißt und nicht Christian oder, noch besser, Shlomo.

Ein einziges Mal am Flughafen, nach einem langen Drehtag, hat Ahmed seine grundsätzliche Gelassenheit verloren. Und was dann passierte, ist eben auch typisch Nahost. Es spiegelt eine Region, die jedes Klischee bestätigt und jedes Klischee widerlegt. Manchmal gleichzeitig. Statt auf die übliche Gruppe junger Kontrolleure zu warten, die nach zahllosen Fragen garantiert etwas von «zusätzlichen Checks» murmeln werden, geht Ahmed mit festem Blick an allen vorbei, direkt auf den dunklen Glaskasten zu, in dem die Mitarbeiter des Inlandsgeheimdienstes sitzen, und ruft: «Hallo, ich bin Ahmed, ich dachte, ich melde mich mal bei euch, wegen der Überprüfung.»

Wir halten den Atem an. Die Geheimen gucken verblüfft. Dann nicken sie kurz – und winken ihn durch. Ahmed ist – zum ersten Mal, seit er denken kann – vor uns fertig mit den Sicherheitschecks. Grinsend wartet er im Duty-free-Shop. Wenn er Alkohol trinken würde, hätte er jetzt eine Flasche Champagner in der Hand.

Beste Feinde

Beschützen, ohne gesehen zu werden.

Das ist der Wahlspruch des berühmt-berüchtigten Mossad, der von Israels zahlreichen Geheimdiensten für Operationen im Ausland zuständig ist.

Nichts ist, wie es scheint.

Das Motto fände ich passender, als ich an einem lauen Frühlingsabend mit dem Kamerateam vor einem unscheinbaren Wohnblock im Norden von Tel Aviv stehe. Hier also soll der Ex-Boss des Mossad leben? Der einst gefürchtete Topagent als Mieter in der Hochhauswohnanlage? Wir klingeln. Eine Stimme in der Gegensprechanlage sagt: «Hallo?»

Ich hatte ein paar auffällig-unauffällige Typen erwartet oder zumindest irgendein Losungswort. Stattdessen öffnet ein höflicher, grau melierter Herr die Tür und bittet uns herein. Ephraim Halevy, der Mann, der sehr viel weiß und sehr wenig sagen darf, will reden.

Als ich der Redaktion zu Hause in Deutschland einen Film über den Mossad vorschlug, gab es Augenrollen: Was für eine Idee, ausgerechnet den geheimsten Geheimdienst der Welt filmen zu wollen! Wie soll das funktionieren?

Es funktioniert, weil sie im Nahen Osten gerne reden. Das fällt jedem Touristen schon im Taxi am Flughafen auf, und es setzt sich fort vom Gemüsehändler bis zur Politstrategin und, ja, bis zum Ex-Agenten. Ich glaube, es hat auch mit dem Wetter zu tun. 300 laue Sommerabende im Jahr. Kommunikation ist Leben. Aber natürlich hat jeder der Offiziellen dabei eine Agenda. Der Geheimdienstler bastelt an seinem Bild in den Geschichtsbüchern, nebenbei will er der Regierung eins auswischen und sich als Sicherheitsfachmann im Gespräch halten.

Aber vor allem reden sie einfach gerne. Auf allen Seiten. Ich habe

Interviews geführt mit Führern der islamistischen Hamas, die auf Israels Terrorliste ganz oben stehen und immer damit rechnen, von einer israelischen Kampfdrohne erwischt zu werden. Man muss sich mit den Fragen beeilen. Ständig gucken sie auf die Uhr, nach zehn Minuten ist Schluss, «weil wir sonst geortet werden». Deshalb aber auf Fernsehinterviews komplett zu verzichten käme keinem von ihnen in den Sinn.

Auch Ephraim Halevy ist Interviewprofi. Andeutungen, Zweideutigkeiten und als Antwort auf allzu konkrete Fragen dieses wissende Lächeln.

Ich kann meinen Blick nicht lassen von dem Fotokalender hinter ihm an der Wand. Ein hölzernes Chalet im Tiefschnee, daneben merkwürdige Zeichen. Was es damit auf sich hat, frage ich, als wir uns verabschieden. Halevy lächelt nur: ein Geschenk seiner Leute, als Erinnerung «an gemeinsame Geheimoperationen». Fast jeder Tag im Kalender hat einen Eintrag.

Vieles davon wird die Welt nie erfahren. Für Journalisten eine unerträgliche Vorstellung. Der israelische Geheimdienst ist auch deshalb so speziell, weil seine Leute ihre Aufgabe nicht als Job begreifen, sondern als Mission. «Um diese Lebensmission zu erfüllen, sind sie bereit, alles zu riskieren», sagt der Geheimdienstexperte Shlomo Shpiro von der israelischen Bar-Ilan-Universität, «diese Risikobereitschaft ist eine starke Waffe. Wenn es funktioniert, kann man fast alles erreichen.»

Das Hauptquartier[*] des Mossad (hebräisch für «Institut») liegt am Nordrand von Tel Aviv. Offiziell gibt es keine Adresse, keinen Ansprechpartner, und bei Google-Maps wirkt die ganze Gegend irgendwie unscharf. Niemand darf die Gebäude filmen, und doch

---

[*] Öffentlich zugänglich ist einzig eine **Gedenkstätte** ein Stück weiter, die an Agenten erinnert, die im Einsatz ums Leben kamen. Aharon Yariv Blvd. in Ramat HaSharon.

weiß jeder Israeli, wer da hinter Zäunen und Büschen residiert. Für einen kleinen Eindruck muss man am Autobahndreieck nebenan nur die richtige Abfahrt nehmen und dann ganz scharf nach links gucken. Anhalten sollte man besser nicht.

Wer Agent beim Mossad ist, gibt im Lebenslauf an: «Mitarbeiter im Büro des Premierministers». Shmuel Bar war 30 Jahre lang Mitarbeiter im Büro des Premierministers. Ich treffe ihn in einem unscheinbaren Geschäftskomplex an Israels Mittelmeerküste. Mit seinen Wuschelhaaren und dem verschmitzten Blick ginge er problemlos als Bassist einer Hippie-Band durch. Mit Schlapphut-und-Trenchcoat-Klischees kommt man hier nicht weiter. «Wenn du tust, was jeder erwartet», grinst Shmuel Bar, «dann wird es jeder erwarten, und du kannst es nicht tun. Also musst du Unerwartetes tun, damit du nicht ertappt wirst.»

Geheimdienstarbeit und Journalismus – das schließt sich eigentlich aus. Die einen vermeiden, dass die Öffentlichkeit etwas mitbekommt, die anderen wollen das Gegenteil. Andererseits kommt keine gute Buchhandlung ohne Abteilung für Spionagethemen aus: Manche Geheimdienstler überfällt dann doch der Drang, ihre Version der Geschichte preiszugeben, und Journalisten interessiert sowieso alles, was eigentlich geheim bleiben soll. Da kommt also durchaus etwas zusammen, nur lässt sich das viel einfacher aufschreiben als abfilmen. Wir Fernsehleute kämpfen auf der Suche nach Bildern gegen den Irrsinn zigfacher Drehgenehmigungen, gegen Behörden und Machthaber, denen jede Kamera schon mal grundsätzlich suspekt ist, gegen übermotivierte Wachleute und die Scheu vieler Menschen, gefilmt zu werden.

Wir können nicht ausschließlich via Internetrecherche und mittels Erfahrungen anderer berichten. Wir müssen hin, wir brauchen die Bilder. Und fallen dabei sofort auf. Wie oft habe ich die Zeitungskollegen mit ihrem Notizblock beneidet, die sich im Hintergrund bewegen konnten, während wir schwitzend mit kiloweise Equipment schon von weitem ein unübersehbares Zeichen sendeten: Das Fernsehen ist da!

Mittlerweile sind Kameras deutlich kleiner und leichter, und vor allem sind sie überall präsent. Das hilft bei der Fernseharbeit; auch wenn es um Geheimdienste geht. Eindrücklich zu erleben in einem Fünfsternehotel direkt am internationalen Flughafen von Dubai.

Das «Al Bustan Rotana» bietet nicht nur «Ruhe und Luxus», wie es in der Werbung heißt, sondern auch lückenlose Videoüberwachung. Es wird zum Schauplatz einer Operation, wie sie die Welt so noch nicht gesehen hat.

Januar 2010. Mahmoud Al-Mabhouh ist auf dem Weg in sein Zimmer. Der Mann organisiert den Waffenschmuggel aus Iran an die radikal-islamische Hamas im Gazastreifen und wird normalerweise gut bewacht. Hier in Dubai fühlt er sich sicher. Doch Al-Mabhouh wird verfolgt. Gleich von mehreren merkwürdigen Personen, die sich als Tennisspieler ausgeben; mit Perücke und falschem Bart observieren sie die Flure, manche sind als Hotelpersonal getarnt und wimmeln andere Gäste ab.

Die Überwachungskameras zeichnen alles auf.

Als ich diese Bilder zum ersten Mal sehe, kann ich es kaum fassen. Eine Undercover-Operation auf Video, Spezialagenten bei der Arbeit gefilmt: Für Fernsehleute ist das Ostern und Weihnachten zugleich. Was für eine Story!

Wir fliegen nach Dubai und filmen wie neugierige Touristen. Das Hotel wirkt wie eine weitere dieser typischen Luxusherbergen in der arabischen Welt: viel Gold, viel Glitzer, diskreter Service. Presse ist unerwünscht, zumal wenn es um einen pikanten Fall geht.

Abgesehen von dem Mordfall ist das Hotel sehr angenehm, eine Alternative zu den gesichtslosen Riesenkästen näher am Strand.
Mahmoud Al-Mabhouh hatte **Zimmer 230**.

Wir suchen den Ort, an dem Mahmoud Al-Mabhouh zum letzten Mal von den Überwachungskameras gefilmt wurde, auf dem Weg vom Fahrstuhl in sein Zimmer. Es ist das letzte Mal, dass er lebend zu sehen ist.

Die Videobilder zeigen, wie ihm eine Reihe Männer folgt, die Baseballmützen tief ins Gesicht gezogen. Dieselben Männer kehren etwas später zurück. Jetzt tragen sie Plastikhandschuhe an den Händen.

Was genau damals in Al-Mabhouhs Zimmer passiert, ist bis heute unklar. Als das Zimmermädchen seine Leiche findet, sieht alles nach Herzinfarkt aus. Erst eine genaue Untersuchung macht die Ermittler stutzig. Der Lattenrost im Bett ist gebrochen – offenbar hatte es einen Kampf gegeben. Bei der Obduktion zeigt sich, dass dem Opfer ein Mittel injiziert wurde, das zum Herzstillstand führt. Al-Mabhouh ist ermordet worden. Doch die Täter haben ihre Rechnung ohne Dubais Polizei gemacht.

General Dahi Khalfan sitzt in seinem Büro. Mit dem nüchternen Amtszimmer eines Behördenchefs hat das nicht viel zu tun. Schwere Teppiche, Ledermöbel; ein vergoldeter Falke ziert den Schreibtisch, an der Wand dahinter ein gigantisches Marmorkunstwerk. Überall wieseln Herren in Uniform herum. Dahi Khalfan lässt Kaffee und Gebäck servieren, der General hält Hof. Er ist viel mehr als Polizeichef des Emirats, er ist auch politischer Akteur, mit vielen Verbindungen und mit eigener Agenda. Uns kommt der Zufall zur Hilfe, Reporterglück: General Khalfan hat eine besondere Vorliebe für Deutschland. Jeden Sommer, so erzählt er uns, fahre er zur Erholung in die deutschen Alpen. Beim letzten Mal hatte er einige spezielle Mitbringsel im Gepäck: Seitdem gehen seine Beamten in tiefer gelegten bayerischen Sportwagen auf Verbrecherjagd.

«Für die Polizei von Dubai gibt es keinen Fall, der auf Dauer ungelöst bleibt», sagt Khalfan. Der Tote im Hotel ist Chefsache. Und den Chef treibt der Ehrgeiz: «Wollen Sie mal sehen, was mir eine deutsche Firma hier gebaut hat?» Natürlich wollen wir. Und stehen kurz darauf in der wohl modernsten Überwachungszentrale, die es weltweit gibt. Es wirkt, als ob sie von hier Weltraumraketen steuern: reihenweise Uniformierte vor gigantischen Monitoren. Mit Joysticks lassen sich zigtausend Kameras im gesamten Stadtbild bewegen. Es gibt in Dubai praktisch keine Ecke, die unbeobachtet bliebe. Die Videobilder sind so exakt, dass selbst die Preisschilder in den Schaufenstern der Shoppingcenter zu erkennen sind. Eine Rolex für 10 000 Dollar? Wir könnten Preisvergleiche machen, ohne diesen Raum verlassen zu müssen. Der General platzt fast vor Stolz. Seine Mitarbeiter dagegen sind ausgesprochen irritiert, weil die Fernsehleute alles filmen. Aber keiner wagt, die Gäste des Chefs zu stören.

Zur ultramodernen Technik kommen Tausende Stunden Detektivarbeit und die Methoden eines Überwachungsstaats, der sich um Datenschutz wenig schert: Die Polizei verknüpft die Überwachungsvideos mit Kreditkartenbelegen, Telefonprotokollen, Hotelrechnungen und Passkopien – und stößt auf eine heiße Spur. Mindestens elf Verdächtige sind in den Mordfall verwickelt, getarnt mit falschen Namen und französischen, britischen und deutschen Pässen. Alle haben sich nach der Tat ins Ausland abgesetzt. Doch Dubais Ermittler sind sich sicher: Die mutmaßlichen Mörder auf den Videos sind Agenten des Mossad.

«Wir erwarten, dass Israel hier keine Liquidierungsaktionen durchführt gegen seine Feinde», sagt Polizeichef Khalfan und lächelt sanft. Er weiß, auch wenn er keinen einzigen Verdächtigen fassen konnte, die öffentliche Bloßstellung ist das Peinlichste, was einem Geheimdienst passieren kann. Man darf davon ausgehen, dass die spektakulären Videobilder der Überwachungskameras aus exakt diesem Grund überhaupt nur in der Öffentlichkeit gelandet sind.

Dem Mossad ist einiges zuzutrauen. In der Wahl seiner Mittel war der Geheimdienst noch nie zimperlich. Der Zweck heiligt die Mittel. Und so wird eine Frage in Israel auch nicht weiter diskutiert: ob es moralisch erlaubt sein kann, im Staatsauftrag zu töten. Von den Racheaktionen für das Olympia-Massaker 1972 in München bis zu mysteriösen Todesfällen unter Wissenschaftlern, die am Atomprogramm Irans arbeiteten – die «gezielte Liquidierung» gehört zu den Optionen, über die Politik und Sicherheitsdienste beraten, wenn sie einer Gefahr begegnen wollen.

Ephraim Halevy, der britisch-unterkühlte ehemalige Agentenchef in seiner Hochhauswohnung, drückt das natürlich feiner aus: «Der Mossad hat viele Jahre lang eine Menge Aktivitäten durchgeführt, die am Ende diesen Ort Israel sicherer gemacht haben – gegen alle möglichen Bedrohungen und alle möglichen Feinde.»

Herbst 1997: In Jordaniens Hauptstadt Amman starten Mossad-Agenten eine heimtückische Operation, die nur deshalb bekannt wird, weil sie völlig aus dem Ruder läuft. Sie beginnt an einer viel befahrenen Geschäftsstraße[*] im Stadtzentrum, kurz nach 10 Uhr am Vormittag, als Khaled Mashal, ein Anführer der radikal-islamischen Hamas, aus seinem Auto steigt, um ins Büro zu gehen, und zwei Männer auf ihn warten. Aus einem merkwürdigen Kasten spritzt einer der beiden etwas ins Mashals Ohr. Wie sich später herausstellt, ein spezielles Gift, das langsam zum Tod führt. Die Attentäter versuchen zu fliehen, aber sie können überwältigt werden. Während Mashal mit dem Tod ringt, wird klar, dass Israels Geheimdienst hinter alldem steckt. Der jordanische König ist außer sich vor Wut. Wenn Mashal stirbt, so teilt er den Israelis

---

[*] Tatort: die Arkaden der **Wasfi-At-Tall-Straße**, die Agenten flüchteten in Richtung **Al Waha Circle** und wurden dort überwältigt.

mit, dann würden die Mossad-Agenten öffentlich gehängt. Israels Premierminister Benjamin Netanjahu muss einlenken. Er schickt seinen Geheimdienstchef nach Amman – mit einem Gegengift im Gepäck.

Für Danny Yatom ist es die schwerste Reise seines Lebens. Jahre später sitzt er bei uns im ZDF-Studio und kann darüber grinsen. Der damalige Mossad-Chef trägt Polohemd über dem durchtrainierten Oberkörper. Er gibt sich locker und gelassen, seine Beratungsagentur für Sicherheitsfragen hat gut zu tun. Wieder ein Geheimdienstchef mit Mitteilungsdrang.

Was in Amman geschah, erklärt er mit markigen Worten: «Ich war der Boss, ich war verantwortlich dafür, dass unsere Kämpfer geschickt wurden. Verantwortlich für Erfolg und Scheitern und dafür, dass sie zurückkommen.»

Für Yatom war die gescheiterte Operation das Ende seiner Geheimdienst-Karriere. Khaled Mashal dagegen wurde später Chef der Hamas. Und hält die Israelis noch jahrelang in Atem.

Offiziell heißt es von Israels Regierung in solchen Fällen regelmäßig: kein Kommentar. Keine Bestätigung, kein Dementi – es ist die sogenannte Strategie der Zweideutigkeit. Nichts zugeben und gleichzeitig alles offenlassen. Aus Sicht der Geheimdienste eine Strategie, die aufgeht.

Solange niemand zuguckt. Bei der Operation im Luxushotel in Dubai war die ganze Welt dabei. Wir haben das Treiben der verkleideten Gestalten auf den Überwachungsvideos immer wieder vor- und zurückgespult, in Zeitlupe analysiert und für eine ganze Reihe von TV-Beiträgen genutzt. In Israel beherrscht der Fall wochenlang die Nachrichten. Die Kollegen zitieren dazu genüsslich aus ausländischen Zeitungen oder Fernsehberichten. Selbst über Geheimoperationen offen berichten dürfen die nationalen Medien nicht, deshalb der Umweg. Eine israelische Spezialität: Presse-Zensur mit Hintertürchen.

Befremdlich findet das von den Zuschauern und Lesern im Land kaum jemand. Wenn es um die nationale Sicherheit geht, sind viele Israelis bereit, enorme Zugeständnisse zu machen. Bei Geheimdienst-Operationen kommt noch eine Portion Stolz dazu, gemixt mit Augenzwinkern. Seht her, so handhaben wir das, mit typisch israelischer *Chutzpah*! Das jiddische Wort haben die Israelis in einer Umfrage mal zu den Begriffen gewählt, die ihr Land am besten beschreiben. Chuzpe ist in Israel kein zwiespältiger Ausdruck, sondern ein Lebensgefühl, bestehend aus 60 % Dreistigkeit und 40 % Kühnheit. Oder umgekehrt. An der Supermarktkasse und vor dem Postschalter wird man ohne Chuzpe ewig warten, weil alle anderen, Kleinkinder und Greise inbegriffen, sich hemmungslos vordrängeln.

Chutzpah passt gut zu *Balagan*, dem anderen essenziellen Begriff für dieses Land. *Balagan* bedeutet Chaos. Während wir in Deutschland dabei erst mal entsetzt die Hände über dem Kopf zusammenschlagen, hängen für Israelis Resignieren und Improvisieren ganz eng zusammen. Und so suchen sie immer gleich nach der Chance, aus *Balagan* mit viel Kreativität etwas zu machen.

Bei der skandalträchtigen Dubai-Operation waren sowohl *Chutzpah* als auch *Balagan* im Spiel. Klar, dass sie am Ende im Werbefernsehen landet. In dem Spot einer israelischen Supermarktkette schleichen Pseudo-Agenten um die Regale, mit Perücke und Tennisschläger wie in Dubai, und werden von Überwachungskameras gefilmt. Der Slogan dazu: «Wir killen die Preise!»

Stellen Sie sich mal kurz vor: Ursula von der Leyen und Volker Rühe in einem Schnellboot vor der Küste, Strumpfmasken über dem Gesicht, ein Maschinengewehr im Anschlag, bereit für eine tödliche Mission. Da ist viel Phantasie nötig. In Deutschland wäre das höchstens Stoff fürs Satireprogramm und selbst da nicht besonders lustig. In Israel ist Vergleichbares Realität und überrascht niemanden: Ich stehe in einer weiß getünchten Villa[*] in einem Vorort der tunesischen Hauptstadt Tunis. Dem Makler haben wir gesagt, wir hätten einen Kaufinteressenten für das Haus, dabei interessiert uns der Immobilienmarkt kein bisschen. Umso mehr dagegen Bilder von innen: Möglichst dezent filmen wir die geschwungene Treppe in den ersten Stock, das Schlafzimmer am Ende des Flurs. Es ist der Ort, an dem Khalil Al Wasir einem israelischen Killerkommando zum Opfer fiel. Al Wasir – Kampfname Abu Jihad – war die Nummer zwei in der palästinensischen Befreiungsorganisation PLO, der Stellvertreter von Jassir Arafat, ein Drahtzieher von grausamen Terroraktionen in Israel und einer der Organisatoren des ersten Palästinenser-Aufstands in den von Israel besetzten Gebieten. Abu Jihad weiß, dass er von Israel gejagt wird. Er hat sich dieses Haus im tunesischen Exil ausgesucht wegen der vielen versteckten Ecken und abgeschiedenen Zimmer. Er fühlt sich hier sicher. Dann kommt der 16. April 1988.

Ein Uhr morgens, von einem Boot in der Bucht aus macht sich eine sonderbare Truppe auf den Weg. Unter falschen Namen haben sie Autos gemietet, für die Sehenswürdigkeiten der tunesischen Hauptstadt haben sie keinen Blick. Auf dem schnellsten Weg geht es, einige Kilometer vom Strand entfernt, in die Reichensiedlung Sidi Bou Said[**]. Undercover-Agenten hatten die Gegend seit Monaten ausgespäht. Es ist eine Geheimoperation von 26 Mitgliedern einer israelischen Spezialeinheit. Ihre Aufgabe: Sie sollen Arafats Stellvertreter ermorden.

Jahre später am Originalschauplatz zu stehen, ist ein merkwürdiges Gefühl. Natürlich sind die Einschusslöcher längst ausgebes-

---

[*] In der **Rue Abou El Kacem Chebbi**, in Sidi Bou Said. Das Eckhaus mit großem Garten und romantischen Erkern.

[**] Abu Jihad hatte ein Händchen für die angenehmen Seiten des Exils. Der Ort liegt paradiesisch schön. **Les Galets**, am Ortseingang aus in Richtung Tunis gelegen, serviert köstliche süße und pikante Häppchen.

sert, die meisten Nachmieter hatten keine Ahnung, was in ihrem Zuhause geschehen war. In Israel ist die Mordaktion fast 25 Jahre lang Staatsgeheimnis. Erst danach erlaubt der Militärzensor, dass Details des Einsatzes an die Öffentlichkeit kommen. Von dem Boot vor der Küste aus habe Ehud Barak die Aktion befehligt, der spätere Verteidigungs- und Premierminister. Moshe Yaalon soll Teil des Spezialkommandos gewesen sein und auch geschossen haben. Auch er wird später Verteidigungsminister.

Es gibt Dutzende weitere Beispiele für ein nicht zu unterschätzendes Phänomen, das in der aktuellen Berichterstattung kaum Platz findet, weil die sich naturgemäß nur selten auf die großen biographischen Zusammenhänge konzentrieren kann: Im Nahen Osten treffen keine Akteure aufeinander, die urplötzlich auf der Bildfläche erscheinen. Die erbitterten Gegner, die sich da gegenüberstehen, sind fast immer alte Bekannte.

Während Europas Sicherheitsbehörden schon mal ohne Phantombild nach Terror-Drahtziehern fahnden, haben ihre Kollegen in Israel von den Radikalen, die sie als Terroristen suchen, oft sogar die Handynummer. Man kennt sich.

Scheich Ahmed Yassin, der Gründer der radikal-islamischen Hamas, saß eigentlich auf Lebenszeit in einem israelischen Gefängnis. Bis er überraschend ausgetauscht wurde gegen israelische Agenten, die versucht hatten, Yassins Gefolgsmann Khaled Mashal zu vergiften. Kaum in Freiheit, blieb Yassin Erzfeind der Israelis, bis sie ihn auf offener Straße in Gaza durch einen gezielten Raketenangriff töteten. Sein Nachfolger bei Hamas: Abdel-Aziz Al-Rantisi. Auch er kein Unbekannter, auch er saß mehrere Jahre in israelischen Gefängnissen, auch er starb durch die gezielte Attacke eines israelischen Kampfhubschraubers. Neuer Hamas-Chef wurde daraufhin: Khaled Mashal, der Überlebende des Giftanschlags.

Beste Feinde. Sie merken schon: Besonders variantenreich ist die Personalsituation nicht. Und für die große Politik gilt Ähnliches.

Israels Regierungschef Benjamin Netanjahu war Mitglied einer Eliteeinheit der Armee, er war Außen- und Finanzminister und ist mittlerweile in vierter Amtszeit Ministerpräsident. Mahmoud Abbas, der Palästinenser-Präsident, ist ebenfalls seit Jahrzehnten dabei, über zehn Jahre im jetzigen Amt, seit 2009 ohne demokratische Legitimierung. Er macht einfach weiter.

Gebündelte, jahrzehntelange Erfahrung in Spezialeinheiten und Kommandotrupps ist da versammelt am Kabinettstisch, Biographien voller militärischer Prägung. Viele der handelnden Politiker personifizieren gleichzeitig den Konflikt, sie leben ihn seit Jahrzehnten. Ob sie die Richtigen sind, um ihn zu *beenden*, darf man zumindest bezweifeln.

Warum?

Zwei Juden, drei Meinungen. Im Christentum wird nachgebetet, im Judentum wird nachgehakt – so erzählen einem das viele Israelis, voller Stolz. Und in der Tat: Schon im Talmud streitet man sich darüber, ob man sich streiten darf und wie man sich richtig streitet. Der Streit gehört zu Israels Gesellschaft, und er basiert auf einem geradezu journalistischen Ansatz: der Suche nach dem Warum.

In Israel kann es durchaus passieren, dass der Mitarbeiter vom Chef wissen will: «Warum bist *du* mein Chef? Warum ist es nicht umgekehrt?»

Alles ständig und immer wieder zu hinterfragen ist im Grunde ein ziemlich sympathischer Wesenszug. Was im deutschen Fernsehen am Rand des Eklats rangieren würde, ungehörig laut und wild, ist in Israel eine stinknormale Diskussionssendung. Selbstverständlich reden alle durcheinander und brüllen sich immer wieder an. Danach gehen sie grinsend miteinander ein Bier trinken.

«Warum» – dieses kleine Wort ist auch dort zu finden, wo man es nicht vermuten würde. Bei der Armee.

Ein Außenposten von Israels Militär an der Grenze zu Syrien. Ich parke den weißen Geländewagen unseres TV-Teams vor der Baracke des Kommandeurs und werde erst mal barsch zurechtgewiesen: Das Auto stehe falsch. «Immer mit dem Heck nach hinten!», befiehlt der Mann im olivgrünen Tarnanzug. Eiserne Regel bei der Armee: Im Alarmfall soll niemand erst umständlich wenden müssen. Bis heute ertappe ich mich dabei, wie ich auf diese Weise einparke, selbst vor friedlichen deutschen Supermärkten.

Das Spannende an den regelmäßigen Touren, die die Armee für Journalisten anbietet, sind aber nicht die kaugummikauenden

Kommandeure und ihre Power-Point-Briefings. Es ist – neben der Tatsache, dass es solche Touren überhaupt gibt – die Begegnung mit ganz normalen Soldaten ein wenig abseits des offiziellen Programms. Mit jungen Wehrpflichtigen bei einer Übung im Feld die Nacht durchzumachen lohnt sich. Weil man erlebt, wie vergleichsweise locker der Umgang innerhalb der Befehlskette hier ist: Mitdenken, unabhängig vom Dienstgrad, war immer schon ein Merkmal dieser speziellen Armee. Nachfragen wagen ist ja gerade in einer militärischen Kommandostruktur alles andere als selbstverständlich. Der militärische Triumph von Israels Armee gegen übermächtige Feinde, etwa im Sechstagekrieg 1967, hat auch damit zu tun.

Bei einer Blechtasse Kaffee morgens um fünf Uhr, irgendwo zwischen einer langen Reihe von Panzern im Matsch auf dem Golan, beginnen einzelne Rekruten jedenfalls erstaunlich offen zu reden: über Absurditäten mancher Einsätze und ihre Bauchschmerzen als Besatzungssoldaten in den Palästinenser-Gebieten. Die israelischen Menschenrechtler von «Breaking the Silence» machen solche Erfahrungsberichte von Soldaten öffentlich. Die Aussagen sind anonym, weil sie hochbrisant sind. Hier sprechen Armeeangehörige über haarsträubende Zustände in der Truppe, über Übergriffe und Unrecht. «Breaking the Silence» ist in Israel umstritten, der Regierung ist die Organisation ein gewaltiger Dorn im Auge. Aber es gibt sie!

Man kann darauf bauen, dass in diesem Land vieles letztlich ans Licht kommt, aber man braucht Geduld. Denn die Frage nach dem «Warum» hat auch ihre Gegner. Und wer sie stellt, braucht einen langen Atem.

Ein Donnerstagabend Mitte Juni 2014, südlich von Jerusalem. In einer Wohngegend israelischer Siedler im besetzten palästinensischen Westjordanland beginnt das Wochenende. Zum Sabbat sind drei jüdische Jugendliche auf dem Weg von ihrer Religionsschule nach Hause. Sie wollen trampen, wie immer. Busse fahren hier nur selten.

Was dann passiert, wird die ganze Region nachhaltig erschüttern.

«Entführung», melden die Fernsehsender. «Entführt!» ist die Schlagzeile in allen Zeitungen.

Viele Einzelheiten erfahren die Israelis nicht. Nur, dass ihre Regierung bereits die Schuldigen ausgemacht hat. «Es sind Hamas-Leute», sagt Ministerpräsident Netanjahu im Fernsehen. «Das wird Konsequenzen haben.»

Die Israelis sind geschockt. An der Klagemauer beten Zehntausende für ein glimpfliches Ende der Entführung. Das ganze Land fühlt mit.

Was die Menschen nicht ahnen: Israels Sicherheitsbehörden wissen längst mehr. Nur ein paar Kilometer vom Ort der Entführung entfernt, haben sie ein Auto gefunden. Ausgebrannt, mit Patronenhülsen und Unmengen Blut. Und: Sie haben den Mitschnitt des Polizeinotrufs. Einer der Jugendlichen konnte noch Alarm schlagen. «Wir wurden entführt!», ruft er knapp ins Telefon. Dann befiehlt jemand: «Köpfe runter!» Es folgen, sagen Experten, zehn Schüsse aus einer Waffe mit Schalldämpfer. Die Ermittler mussten davon ausgehen, dass sie es nicht mehr mit einer Entführung zu tun haben, sondern mit Mord.

Aber all das bleibt unter Verschluss. Israels Sicherheitsdienste haben, wie häufig in solchen Fällen, eine absolute Nachrichtensperre verhängt.

Wir filmen in der Redaktion des privaten *Kanal 10* in Tel Aviv. Auf den ersten Blick eine ganz normale, leicht chaotische Fernsehtruppe. Aber mitten unter den Journalisten im Raum arbeitet auch ein Zensor.

«Das ist eine Besonderheit in Israel, dass ein Mitarbeiter der Sicherheitsdienste alle Meldungen kontrolliert, die etwas mit Verteidigung, Sicherheit, Außenpolitik zu tun haben, und er sie freigeben muss.» Raviv Drucker steht zwischen den Schreibtischen mit Laptops und Monitoren und schaut sich um. «Und?», will ich von ihm wissen, «wer von den Leuten hier ist denn nun der Zensor?» Drucker schüttelt den Kopf. «Das darf ich dir nicht sagen.»

Raviv Drucker ist einer der bekanntesten Investigativreporter in Israel. Er sagt, der Zensor arbeite in einer Art Dialog: «Auch wenn eigentlich kein Journalist in einer demokratischen Gesellschaft diesen Dialog führen sollte.»

So etwas habe ich nirgendwo sonst erlebt. Und ich weiß auch nicht, ob es das in dieser Form noch irgendwo anders gibt. Zensur haben viele Länder, Zensor ist – leider – ein Job mit Zukunftspotenzial. Aber Israel hat eine ziemlich lebendige Medienlandschaft, und gäbe es ein Regime, das die Presse unterdrückt, würde kein Journalist locker in seiner Redaktion stehen und einem ausländischen Fernsehteam etwas über den Zensor erzählen.

Schon kurz nach der Tat weiß Drucker viele Details über den Fall, darf aber nicht darüber berichten: «Einen Teil sollte man tatsächlich besser zurückhalten, damit man die Täter finden kann, aber andere Informationen hätten unbedingt veröffentlicht werden müssen, um bei den Leuten keine falschen Erwartungen zu wecken.» Der Satz hat es in sich.

Während ein Großaufgebot von Geheimdienst, Polizei und Soldaten nach einer Spur der Jungen fahndet, bekommt Israels Armee noch einen anderen Auftrag: die Radikalen von Hamas so hart zu treffen wie möglich. Es gibt Massenverhaftungen und flächendeckende Razzien im Westjordanland. Alles immer auch mit der Begründung, man suche nach drei Entführten.

Bei vielen Palästinensern steigt die Wut. Sie fühlen sich kollektiv bestraft durch eine massive Aktion der Armee, die deren Pressesprecher immer noch als Polizeieinsatz rechtfertigen: «Bis jetzt gehen wir davon aus, dass die drei Kinder noch leben. Die Hoffnung ist, dass wir sie lebendig finden werden.»

Gleichzeitig unterstützt Israels Regierung eine groß angelegte Kampagne weltweit. Der Hashtag *#BringBackOurBoys* wird in sozialen Netzwerken millionenfach geteilt. Er erscheint über Nacht als Plakat selbst auf den Stadtbussen von Tel Aviv. Und die Israelis demonstrieren in Scharen für die baldige Heimkehr der Jungen.

Kidnapping ist ein Trauma dieser Gesellschaft. Zu oft haben das die Menschen hier schon erleben müssen. Es ist eine Situation, in der das Handeln der eigenen Regierung von kaum jemandem mehr hinterfragt wird.

Raviv Drucker: «Die Leute erwarteten, dass die Jungs noch leben. Sie haben Druck auf Armee und Premierminister gemacht, etwas zu tun. So haben Dinge begonnen, die man besser gelassen hätte. Ich sage nicht, dass alles allein wegen der Nachrichtensperre passierte, aber Armee und Geheimdienste haben da schwere Fehler gemacht.»

Zweieinhalb Wochen nach dem Verschwinden der drei Jungen werden ihre Leichen gefunden, in die Trauer mischen sich Wut und Hass. Was uns ein aufgebrachter Israeli auf ihrem Begräbnis ins Mikrofon sagt, denken viele: «Hier wurden Juden umgebracht, warum macht unser Premierminister also Gaza nicht dem Erdboden gleich?»

Die Situation eskaliert. Man kann dabei zusehen. Immer neue gewaltsame Übergriffe: Moslems gegen Juden. Juden gegen Moslems.

Noch ein Junge wird ermordet, diesmal ein Palästinenser. Israels Polizei ermittelt schnell: Es war die Tat jüdischer Extremisten. In den israelischen Kommentarforen im Internet war aus «Bringt unsere Jungs zurück» längst der «Ruf nach Rache» geworden.

Besonnene Stimmen haben es in dieser Atmosphäre schwer. Man könnte die Entwicklung geradezu klassisch nennen für das

Verhältnis zwischen Israelis und Palästinensern, wenn «klassisch» nicht ein viel zu schöner Begriff wäre. «Die Tragödie des anderen zu verstehen ist die Voraussetzung, um einander keine weiteren Tragödien zuzufügen.» Dieser wunderbare Satz stammt von der israelischen Schriftstellerin Lizzie Doron. Israelis und Palästinenser haben sich davon immer weiter entfernt. Persönliche Begegnungen zwischen beiden Seiten sind eine Seltenheit geworden. Früher waren Palästinenser Teil des israelischen Alltags. Heute gibt es Sperranlagen, Reiseverbote, Sicherheitsbedenken. Die Folge: Palästinenser kennen Israelis praktisch nur noch in Uniform. Und für viele Israelis ist jeder Palästinenser ein potenzieller Attentäter.

Die israelische Soziologin Eva Illouz beschäftigt sich seit langem mit der Psyche ihrer Landsleute. Sie versteht deren Angst, aber sie sagt auch, die Ängste würden von Israels Politikern «zynisch instrumentalisiert». «Das ist der Filter, durch den der durchschnittliche Israeli den Konflikt mit der Hamas betrachtet. Der Feind, der Palästinenser, wird ‹entmenschlicht›, er ist schlicht Terrorist.»

Die meisten Israelis vertrauen in brenzligen Situationen den Sicherheitsdiensten fast blind. Sie fürchten, dass ihr Land ohne deren Arbeit in großer Gefahr wäre. Im Sommer 2014 steht plötzlich die Frage im Raum, ob es das *durch* deren Arbeit nicht auch ist. In der Diskussion dabei: die Ermittlungen im Entführungsfall der drei Jungen und was darüber berichtet werden durfte. Es gibt politische Kommentatoren in Israel, die glauben, die verheerende Eskalation hätte vermieden werden können, wenn die Regierung anders gehandelt hätte. Und die Presse – in ihrer Arbeit beschränkt durch die Nachrichtensperre – auch.

So aber beginnt eine Zeit, in der nicht mehr ausgeschlossen ist, dass allen Seiten die Kontrolle entgleitet. Lauter hässliche Szenen in Jerusalem, die heftigsten Straßenschlachten seit langem.

Um so aktuell wie irgend möglich berichten zu können, haben wir bei einer israelischen Produktionsfirma einen klapprigen Lieferwagen gemietet, der unseren Beitrag mittels Schüssel auf dem Dach live ins «heute-journal» beamen kann.

Die Kundschaft der Firma an diesem Tag sieht wüst aus: ein verschwitztes deutsches Fernsehteam, außer Atem, mit roten Augen. Seit zehn Stunden sind wir zwischen den Fronten unterwegs. Die einen werfen Steine und zünden Barrikaden an, die anderen benutzen Gummigeschosse und Tränengas. Kameramann Chris hat Dutzende solcher Tage erlebt und schlauerweise vorgesorgt: Er überrascht mich mit einem ordentlichen Vorrat roher Zwiebeln im Gepäck und dem Rat: «Halt sie dir vors Gesicht!» Altes Hausrezept für Krisenreporter: Wer in eine Tränengas-Salve gerät, hat vor allem mit dem Gefühl zu kämpfen, keine Luft mehr zu bekommen. Die Zwiebel hilft.

Schlimmer als das Tränengas finde ich die Angst. Als wir am Abend zwischen brennenden Autowracks hindurch versuchen, aus dem umkämpften Gebiet herauszukommen, versperrt eine Gruppe arabischer Jugendlicher unserem kleinen Lieferauto den Weg. «TV» steht mit rotem Klebeband auf der Wagentür. Die Vermummten interessiert das herzlich wenig. Sie zücken plötzlich Messer und brüllen: «Tod euch Agenten Israels!»

Mein Puls geht schneller, ich höre unseren palästinensischen Kollegen immer wieder beschwörend rufen: «Hey, Leute, ganz ruhig, wir können alles erklären.»

Ich versuche mich hinten im Laderaum so gut es geht unsichtbar zu machen und schreibe eine E-Mail an die Kollegen in Mainz: «Könnte eng werden mit dem Beitrag.»

Es hat dann doch geklappt. Die Jugendlichen lassen uns passieren. Der palästinensische Kollege meint: «Das war knapp.» Nur sein lokaler Akzent habe uns vor Schlimmerem bewahrt.

Während die Zuschauer in Deutschland die Zusammenfassung

eines folgenreichen Tages in Nahost sehen, fällt der kleinen Schar von TV-Leuten in Jerusalem ein Stein vom Herzen. Sie stehen neben ihrer Rostkarre. Und riechen nach rohen Zwiebeln.

Das alles sollte erst der Anfang sein, nur ein Auftakt für das, was folgt. An diesem Abend können wir es noch nicht wissen: Die Region steht kurz vor einem katastrophalen Krieg.

Alarm!

Huuuuu-huuuuuuuuuuuuuuuuuuu. Der Ton dringt bis ins Mark. Hu-
uuuu-huuuuuuuuuuuuuuuu. Wie in alten Kriegsfilmen und den Er-
zählungen meiner Großeltern. Diese Sirenen hat niemand ange-
kündigt, und sie hören auch nicht auf. Diesmal ist es keine Übung,
diesmal ist es ernst.

Wir sitzen im Schnittraum des ZDF-Studios Tel Aviv, arbeiten
gerade an einem Film – und werden beschossen. Luftalarm für
die ganze Stadt. Aus Gaza kommen Raketen. Israels lebenslustige
Partymetropole am Mittelmeer geht in Deckung.

Wie jedes israelische Haus, jede israelische Wohnung hat auch
unser Büro einen «Safe Room», eine Art Minibunker mit verstärk-
ten Wänden, schwerer Tür und einer Notfallration an Wasser und
Lebensmitteln. Die meisten Israelis benutzen den «Safe Room»
als Abstellkammer oder Gästezimmer. Bei uns türmen sich dort
Dutzende uralte Videokassetten, neben ein paar Aktenordnern
und einer Packung Butterkekse. Das größere Problem ist jetzt aber
die Tatsache, dass wir gar nicht reinkommen. Wo war noch mal der
Schlüssel?

Ich rufe in der Zentrale in Mainz an. Raketen auf Tel Aviv, das
ist mindestens eine Live-Schalte für die Abendnachrichten. In den
Tagen zuvor hatte sich die Lage zwischen Israel und der radikal-
islamischen Hamas im Gazastreifen schon bedrohlich zugespitzt.
In die Sendung geschafft hatten wir es mit einem analytischen
Beitrag dazu nicht. An anderen Ecken der Welt war zu viel los.

Jetzt ist alles anders. Im Studio klingeln alle Telefone gleichzeitig: Die 19-Uhr-Sendung will einen Nachrichtenfilm und auf jeden
Fall ein Live-Gespräch, das «heute-journal» bittet um eine längere Reportage plus Live-Schalte. Die Spätsendung meldet sich, die
Online-Kollegen auch, und das «Morgenmagazin» lässt schon mal

vorsorglich wissen: «Wir würden gerne jede halbe Stunde live mit euch reden, ab 5.30 Uhr.»

Im Studio Tel Aviv gibt es exakt einen Reporter und außerdem Raketenalarm. Immerhin hat die Cutterin inzwischen den Schlüssel für den «Safe Room» aufgetrieben und trommelt alle dorthin zusammen. Die beiden Producer hängen an ihren Handys, um herauszufinden, was überhaupt los ist, der Kameramann meldet sich vom Dach, er glaubt: «Das ist sicher, und außerdem brauchen wir ja Bilder.» Huuuu-huuuuuuuuuuuuuuu.

In den kommenden Tagen und Wochen werden wir alle regulären Termine über den Haufen werfen, an Schlaf nur noch in minimal nötigen Dosen denken. Wir werden uns um Familie und Freunde sorgen, wie sie wohl mit der ganzen Situation umgehen und ob sie es rechtzeitig in den nächsten Bunker schaffen. Wir werden täglich vielfach anfliegende Raketen erleben, uns irgendwie in Deckung bringen: im betonierten Wartehäuschen einer Bushaltestelle; mit dem Teller Hummus in der Hand im Keller eines Imbissladens. Wir werden überrascht sein, wenn die Moderatorin im Radio zwischen zwei Songs mal eben die aktuellen Alarmzonen durchgibt, so wie sie das in Deutschland mit Geisterfahrern machen. Wir werden die neueste «Red-Alert»-App aufs Handy laden, damit auch das Telefon künftig mit Sirenenton vor Angriffen warnt. Wir suchen den Himmel ab nach den typischen weißen Schlieren der Raketen. Und lernen zu unterscheiden, wie der helle, hohle Knall klingt, wenn Israels Abwehrsystem eine Rakete vom Himmel holt, und wie der tiefe, dumpfe, wenn israelische Artillerie in Gaza einschlägt, wo es weder Vorwarnung noch Bunker gibt.

Es ist Krieg. Und wir werden insgesamt viele Stunden Fernsehprogramm über dessen katastrophale Folgen liefern. Und am Ende erschöpft sein. Und leer.

Es gibt auch andere Berufe, in denen so etwas zu erleben ist:

Wenn man plötzlich und über längere Zeit unter extremer Anspannung steht, unter dem Druck, keine Fehler zu machen, rechtzeitig zu liefern, hoch konzentriert zu bleiben, obwohl der Schlafmangel seine Wirkung zeigt. Wenn das Handy praktisch rund um die Uhr und wirklich ohne Pause klingelt, weil die eigene Arbeit so gefragt ist: Das ist auch wie ein Rausch.

Man merkt das lange nicht und dann erst, wenn alles vorbei ist und das Telefon plötzlich tagelang gar nicht mehr klingelt. Ich habe es lange nicht wahrhaben wollen und schreibe es ungern auf, weil «Krieg» und «Rausch» in einem Satz so zynisch klingen, aber das Gefühl lässt sich nicht leugnen. Es gibt Kollegen, die treibt genau das immer wieder an die Front und in höchste Gefahr. Es gibt junge Fotografen und Reporter, sehr viele Fotograf*innen* und Reporter*innen*, die suchen in der Kriegsberichterstattung den Karrieredurchbruch und wohl auch den «Kick».

Denn es stimmt ja: Kriegs- und Krisenberichterstattung garantieren Aufmerksamkeit. Auch für die Reporter selbst. Wer viele Wochen lang regelmäßig an prominenter Stelle mit Berichten vertreten ist, die unter schwierigsten Bedingungen entstehen, der fällt auf, bei Senderchefs und Entscheidern in den Zeitungsredaktionen.

Natürlich lohnt es sich, an einer Story zu arbeiten, die im Brennpunkt steht. Allein die Tatsache, dass da Geschichte geschrieben wird, auch wenn es eine traurige und grausame ist, kann keinen Reporter kaltlassen. Aber diese spezielle Sogwirkung, die gerade Kriegsberichterstattung auf manche Kollegen hat, habe ich nie komplett verstanden. Vielleicht bin ich dafür generell zu vorsichtig. Vielleicht fehlt mir am Ende die entscheidende Portion Draufgängertum. Wirklich eingebrannt hat sich bei mir nicht das Donnern der Raketen oder die Wucht einer Explosion, sondern die kleinen Eindrücke am Rand: die Hilfsbereitschaft zwischen Bomben, das Lächeln inmitten der Zerstörung, der Mut der Verzweifelten. Das sind Momente, die ich nicht vergessen kann. Um sie beschreiben zu können, muss man nicht ständig an allervorderster Front dabei sein. Zum Glück.

Vielleicht habe ich auch zu häufig vor Augen gehabt, was die ständige Konfrontation mit Leid und Tod mit Menschen machen kann. Es gibt unglaublich mutige Kolleginnen und Kollegen, die regelmäßig ihr Leben riskieren, um der Welt zu zeigen, was niemand sehen soll. Ihre Arbeit ist nicht hoch genug zu schätzen, sie wagen sich in Gebiete, die ansonsten vergessen wären. Und die vergessen werden *sollen*, weil es den Kriegsparteien ihr Morden erheblich erleichtert, wenn keiner zuguckt.

Viele von diesen Reportern haben einen Weg gefunden, damit klarzukommen und trotz des Erlebten die Empathie nicht zu verlieren. Viele von ihnen aber suchen noch nach so einem Weg. Und bräuchten dabei selbst Hilfe.

Gerade die freiberuflichen Kriegsreporter, speziell die Fotografen, können sich zu viele Kämpfe mit sich selbst schlicht nicht leisten. Und zwar in doppelter Hinsicht. Der Einsatz im Kriegsgebiet muss ihr finanzielles Auskommen sichern. Sie sind darauf angewiesen, dass sich Fotos und Berichte möglichst gut verkaufen. Und die Konkurrenz ist groß. Im Wettlauf darum, der Erste zu sein, exklusiv, derjenige mit den brisantesten Bildern, bleibt die Risikoabwägung häufig auf der Strecke.

Für Fernsehleute mit geregeltem Vertrag macht die Arbeit im Team da manches einfacher. Es ist immer jemand da, mit dem man sich bespricht. Und besprechen muss. Die erfahrene Kamerafrau berät den ehrgeizigen Reporter, der erfahrene Reporter die ehrgeizige Kamerafrau. Mein Sender hat mich nie gezwungen, irgendwo hinzugehen oder irgendetwas zu tun, was ich nicht wollte. Den Druck macht man sich ganz allein. «Kommen wir da nicht noch näher ran?», fragen sich Reporter im Zweifel bereits deutlich früher als Redakteure in der Zentrale. Häufiger sind deshalb auch die Fälle, in denen die Teams vor Ort mehr wagen wollen, als den Verantwortlichen zu Hause recht ist. Für beide Seiten keine einfache Situation. Ich habe da einige Diskussionen geführt, auf Expertise und Eigenverantwortung des Reporters draußen verwiesen – und dann, mit ein bisschen Abstand, manchmal doch zu schätzen gewusst, wenn jemand zu Hause den kühlen Kopf behalten hat.

Reden tut gut. Viele deutsche Korrespondenten im Nahen Osten tun das regelmäßig.[※] Je weiter weg von den Heimatredaktionen, je schwieriger die Umstände, desto enger der Kontakt. Natürlich gibt es Konkurrenz. Keiner will, dass eine besonders gute Geschichte bei «den anderen» zuerst erscheint. Aber dann gibt es auch diese langen Gespräche, die sich eben nicht um die spannendsten Recherchen, die tollsten Quoten und die größten Erfolge drehen. Sondern darum, was all das mit einem selbst anstellt. Es tut gut, über das Erlebte mit anderen reden zu können, denen man nichts erklären muss. Die auch dabei waren und dieselben Bilder mit sich herumtragen. Selbsthilfe beim Bier sozusagen, über alle Sendergrenzen und Konkurrenzgedanken hinweg.

Die beste Medizin heißt: dranbleiben! Die Geschichten, wo immer möglich, weiterzuverfolgen. Ich habe festgestellt, dass es mir leichter fällt, mit furchtbaren Bildern im Kopf umzugehen, wenn ich deren Kontext selbst vor Ort erlebt habe. Deutlich härter muss es für die Kolleginnen und Kollegen in den Schnitträumen der Senderzentralen sein. Sie haben diese Möglichkeit nicht und bearbeiten jeden Tag Videomaterial aus aller Welt, von dem ein Teil so unerträglich ist, dass wir es den Zuschauern nicht zumuten

---

[※] Und zwar hier: **Minzar**, eine wilde Bar am Carmel Markt in Tel Aviv mit dem wahrscheinlich preiswertesten Bier der Stadt. Oder hier: **Port Said**, ein mittlerweile legendärer Open-Air-Treffpunkt an Tel Avivs Großer Synagoge. Die originellen Häppchen zum Drink kommen von Starkoch Eyal Shani.

würden: weinende Eltern, die ihre toten Kinder tragen, verstümmelte Leichen, erstarrte Opfer eines Giftgasangriffs, blutende Wunden, fehlende Gliedmaßen. Minutenlange Filmdokumente des Elends auf dieser Welt. Vorne dran: eine kurze Einblendung, die den Aufnahmeort markiert. Am Ende: der technische Hinweis der Nachrichtenagentur, das sei jetzt erst mal alles, man könne die Aufnahme beenden. Schicksale pur, geliefert per Satellitenleitung oder Datenfile. Ein Bilderteppich, ohne Einordnung und Zusammenhang. *Damit* jeden Tag neu klarzukommen ist die wahre Herausforderung.

Gaza-Geheimnisse

Ein Palast direkt am Meer – die untergehende Sonne lässt die warmen Rottöne der Fassade strahlen. Geschwungene Torbögen, Terrasse mit Panoramablick, Mosaik auf dem Kachelboden, alte Möbel. In den Nischen flackern Kerzen. Es ist ein Traum aus 1001 Nacht. «Welcome back», hatte der Mann am Empfang gegrinst, er kennt seine Gäste. Es sind immer dieselben. Häufig steht das Haus auch komplett leer. Dann schlurft der Rezeptionist aus seinen Büro heran, guckt müde und meint: «Sucht euch ein Zimmer aus.»

Die Buchungssituation hängt direkt an der Nachrichtenlage. Es gilt die Regel: Je mehr Raketen einschlagen, je mehr Menschen ringsherum sterben, desto größer die Nachfrage. Gerade ist es so voll, dass ich mir das Zimmer mit dem Kameramann teilen muss, gemeinsam haben wir die Minibar geplündert. Auf Alkohol stehen hier drakonische Strafen – also vier Dosen Zitronenlimonade. Vorhin, an der Bar, hatte es bereits mehrere Runden Minztee gegeben. Der Kameramann meint trocken: «Heute lassen wir's aber mal richtig krachen.»

Doch das Idyll trügt. Aus unserem Wasserhahn tropft eine salzige Brühe, durchs Fenster sind Explosionen zu hören. An der Hotelpforte hängt ein Schild, darauf ein Maschinengewehr, mit einem roten Strich quer durch: Den Krieg bitte draußen lassen. Hoffentlich halten sich alle daran.

Das «Al Deira»[*] direkt am Mittelmeer könnte ein Urlaubsparadies sein. Wenn es nur irgendwo anders läge, und nicht hier in Gaza. Einem Ort, wie es ihn auf der Welt kein zweites Mal gibt. Zum

---

[*] «**Romantisches Boutique-Hotel** unmittelbar am Strand. Kein Zimmer gleicht dem anderen», würden die Reiseführer schwärmen – wenn es welche für Gaza gäbe. Al Rasheed Street.

Glück. Dieser Miniküstenstreifen, abgeriegelt von Israel und Ägypten, lange Jahre beherrscht von der radikal-islamischen Hamas, gilt als «Hort des Terrors», als «Armenhaus», als «größtes Gefängnis der Welt». Stimmt alles. Und stimmt auch irgendwie nicht.

Hier stehen Menschen in der Hitze Schlange, um eine Lebensmittellieferung der UNO zu ergattern, ohne die die Ärmsten von ihnen verhungern würden – und auf der Straße rollt ein BMW vorbei. Neues Modell. Hochglanzpoliert. Die jahrelange Abriegelung hat Gazas Einwohner in der großen Mehrzahl zu Almosen-Abhängigen gemacht. Für die Reichen und Mächtigen dagegen scheint der Autoimport perfekt zu klappen. Der Untergrund entlang der Grenzen zu Ägypten und Israel muss über weite Strecken wie Schweizer Käse aussehen, überall Tunnel, durch die lange Zeit Waffen kamen, Schmuggelgüter und eben auch deutsche Luxuslimousinen. Der Satelliten-Übertragungswagen, den wir Fernsehreporter für Live-Berichte aus Gaza benutzen, hat irgendwann (und irgendwie) auch mal in einem dieser Tunnel gesteckt. Zumindest erzählen das alle.

Gleich um die Ecke vom Amtssitz des islamistischen Premierministers kann man gefälschte Trikots der deutschen Fußballnationalmannschaft kaufen. Viel «Müller» dabei und viel «Klose», nicht ganz aktuell, aber unschlagbar preiswert. Und vor der Tür zischt eine dunkle Gestalt den deutschen Reporter an, das hier sei exakt der Ort, an dem «dein britischer Kollege einst gekidnappt wurde», aber jetzt habe man ja andere Zeiten.

An Gaza kann man sich nicht gewöhnen. Nicht mal als Besucher auf Zeit. Erster Eindruck: der Staub. Wie ein Filter liegt er über allem. Es ist, als hätte jemand die Welt entfärbt. Verglichen mit Gaza kommt einem die Dürrelandschaft drüben auf der israelischen Seite der Grenze wie ein saftig grünes Paradies vor.

Zweiter Eindruck: Beton. Jedes Fleckchen Land hier ist zugebaut, hässliche Wohnblocks, manche halb fertig, manche halb zerstört. Israel betont immer wieder die Sorge, dass Baumaterial auch zum

Bombenbau verwendet werden könne. Beton ist ein rares Gut. So teuer, dass sie begonnen haben, mit Lehm zu bauen. Die Idee ist im Grunde jahrtausendealt. Kühl im Sommer, warm im Winter. Und preiswert, denn Lehm gibt es in Gaza genug. Modern ist nur der neue Name dafür: Aus getrocknetem Schlamm werden «komprimierte Erd-Blöcke», für Insider: «KEB».

Es gibt hier selbst Gefängnisse, die aussehen wie getöpfert. Not macht erfinderisch, wenn auch mit bitterem Beigeschmack. Ich wundere mich, wieso das Gefängnis keine Türen hat. Die Antwort des Wärters: «Brauchen wir nicht. Wer flieht, kommt sowieso nicht weit.»

Die heute so hermetisch abgeriegelte Enklave hatte schon vor Tausenden Jahren lukrative Verbindungen in alle Welt, der Stolz darauf hat sich gehalten. Gazas Küche ist berühmt für ihre scharfen Gewürze. Das Beste, was ich je zum Verständnis dieses kleinen Küstenstreifens gelesen habe, ist ein Kochbuch. Aber wer von wunderbaren Mahlzeiten in Gaza erzählt, erntet verwunderte Blicke. Besonders, wenn es dabei um Fisch geht.

Mein Vater sagt gern: «Ein Ort am Meer kann höchstens zur Hälfte hässlich sein.» Auf den ersten Blick gilt dieser Satz selbst für Gaza. Kilometerlange Strände, die Brandung des Mittelmeers, der schnurgerade tiefblaue Horizont weit draußen. Diese Strände sind der einzige Ort hier, an dem man von Freiheit und Weite zumindest träumen kann. Und dann sofort in der Realität landet: Es stinkt.

Regelmäßig fallen die Abwasserpumpen aus, weil ihnen der Strom fehlt. Die Abwässer von 1,8 Millionen Menschen gehen ungeklärt ins Meer. Selbst die minimale Grundversorgung mit Wasser, Energie, Licht ist hier ein Politikum. Ein zynisch eingesetztes Druckmittel im Poker zwischen jahrelang verfeindeten Palästinenser-Fraktionen, mit kräftigem Zutun von Israel und Ägypten. Gaza geht das Trinkwasser aus. Das Grundwasser ist katastrophal verseucht, das Meer auch. Eine UNO-Studie warnt, dass Gaza schon im Jahr 2020 unbewohnbar sein könnte.

Man braucht keine Studien, um die Lage zu begreifen. In welchem Zustand das Mittelmeer hier ist, kann man mit bloßem Auge sehen. Und vor allem riechen. Ich habe viele unerträglich heiße Tage in Gaza verbracht – und mich kein einziges Mal getraut zu baden. Ringsherum toben Hunderte Kinder in den Wellen. Sie haben kein anderes Meer. Und keine andere Wahl.

Am Hafen hinter den Schuppen mit den Netzen langweilen sich die Fischer. Die echten Fischgründe weiter draußen sind für sie unerreichbar. Für ihre Boote bleibt ein eng begrenztes Gebiet. Auf der Terrasse des «Al Deira»-Hotels gehört schon zum Frühstück außer Pita-Brot und schwarzem Tee auch der helle, peitschende Knall, der vom Meer herüberschallt. Es sind Warnschüsse von Israels Marinebooten. Es ist ihre Art, den Fischern von Gaza Grenzen zu setzen.

Und dennoch haben Generationen von Fernsehteams hier spätnachts nach einem langen Drehtag ein festes Ritual: zusammensitzen mit lokalen Kollegen bei dem, was Gazas geschundenes Meer hergibt. Ein Hinterzimmer in einer Seitenstraße[*] der Uferpromenade. Lange Tische, als traurige Dekoration ein paar Netze an der Wand, das Menü ist immer dasselbe, und das ist gut so: scharfe Garnelen-Suppe, kleine Fische scharf gegrillt und eine sehr, sehr scharfe Shrimps-Kasserolle.

Besser geht es nicht – auch wenn ein Teil des Mahls im Schein der Handy-Displays stattfindet, weil zwischendurch immer wieder das Licht ausfällt.

Nachts brummen die Generatoren, an jeder Ecke, der Dieselgestank ist fürchterlich. Aber Hauptsache, der Kühlschrank läuft zwischendurch mal und – mindestens genauso wichtig – das Handy

---

[*] Erkennbar an der **Fischtheke** gleich hinter dem Eingang, Abu Hasera Street.

lässt sich laden. Diese Mischung aus knatternden Motoren, schweren Abgasen in der Luft und funzeligem Licht ist typisches Zeichen aller Krisengebiete. Während der Kriege auf dem Balkan hatten sich die Imbissbetreiber dort einen inoffiziellen Wettbewerb geliefert: Wer macht in einer stromlosen Stadt die besten Fleischspieße? Generatoren sind aber auch ein Zeichen, dass das Leben weitergehen muss und weitergeht. Vieles, was uns in Deutschland aufregt – die Verspätung bei der Bahn, die Nebenkostenabrechnung des Vermieters, die Staus im Berufsverkehr –, wirkt an solchen Orten plötzlich beschämend klein.

Wer hier unter wirklich katastrophalen Bedingungen lebt und doch irgendwie die Kraft findet, weiterzumachen, immer wieder neu, verdient Bewunderung und Hilfe. Dabei würden die Bewohner Gazas auf beides dankend verzichten, wenn sie schlicht die Möglichkeit bekämen, in Sicherheit und Stabilität ihr Leben zu leben.

Auf der Hotelterrasse beim Minztee drehen sich die Gespräche der Reporter aus aller Welt um Begegnungen, die hier alltäglich sind und dennoch für lange Zeit im Kopf bleiben. Denn den wichtigsten und nachhaltigsten Eindruck hinterlassen Gazas Bewohner. Die größte Überraschung an diesem traurig-tragischen Flecken Erde sind seine Menschen. Menschen, die kaum fließend Wasser haben und nur erratisch Strom, aber erstaunlich häufig einen Uni-Abschluss und oft exzellente Fremdsprachenkenntnisse. Genau wie das «Seafood-Dinner, Gaza-Style» kein Indiz dafür ist, dass letztlich alles «halb so schlimm» ist, wie manch böswilliger Internet-Kommentar unterstellt. Es zeugt vielmehr, so schreibt die «Neue Zürcher Zeitung» völlig richtig, «vom Improvisationsgeist und von der Tapferkeit der Bewohner».

In meinem allerersten Film als Nahost-Korrespondent ging es um Gazas Zoo. Seit Jahren muss er fast ohne Tiere auskommen; der Löwe ist längst tot, die Gehege sind leer. Um den Kindern trotz allem irgendeine Attraktion bieten zu können, haben sich die Meister des Erfindungsreichtums etwas einfallen lassen. In einer Nacht-und-Nebel-Aktion mit Haarfärbemittel und ein paar breiten Pinselstrichen wurde aus dem örtlichen Esel: ein Zebra. Das treuherzig dreinblickende Tier konnte es wohl selbst nicht glauben, und manche Besucher haben gemerkt, dass da etwas nicht stimmen konnte. Gemault hat niemand. «Ein Zebra, guckt mal, ein Zebra!» Das war seit langem mal wieder eine gute Nachricht, die die Kinder zwischen den staubigen Gehegen riefen. Im Zoo gibt's ein Zebra, die Nachricht hat sich rasant herumgesprochen, Schulklassen kommen jetzt extra deswegen. «Na klar ist das ein Zebra», sagt der kleine Mahmoud, «es hat doch Streifen.» Die Mutter ergänzt: «Zu Hause sagen wir ihm die Wahrheit, aber jetzt genießen wir es einfach.» Die Überraschung ist so gut gelungen, dass mit dem Tierpfleger die Phantasie durchgeht: «Ich würde auch gerne einen Elefanten machen. Vielleicht aus einer Kuh? Aber das ist wahnsinnig schwer.»

Unterwegs mit Bundesadler auf rotem Reisepass, werden wir Deutschen niemals nachfühlen können, was das heißt, eingesperrt zu sein in Gaza. Aber ein mulmiges Gefühl hat mich bei jeder Reise dorthin trotzdem begleitet. «Übermorgen sind wir zurück», ließ sich nie mit Sicherheit sagen. «Inschallah», so Gott will, der klassische Zusatz in der arabischen Welt, wenn es um die Zukunft geht, passt nirgendwo besser als hier.

Unsere Berichterstattung über einen offiziellen Besuch des Emirs von Katar in Gaza beginnt mit viel Brimborium, Blechbläsern und rotem Teppich – und endet in einer Nacht unter Raketenbeschuss, weil sich Israel und die Hamas ein überraschendes Scharmützel liefern, kaum dass der reiche Besucher vom Golf wieder weg ist. Wir sitzen in der Falle, mittendrin, auf einer staubigen Piste in Richtung Grenze geht es plötzlich weder vor noch zurück, schwer bewaffnete Hamas-Leute haben die Route abgeriegelt, plötzlich dröhnt von hinten direkt über unsere Köpfe hinweg eine Rakete in den Himmel. In Richtung Israel.

Die Reaktion der Israelis lässt nicht lange auf sich warten, am Himmel kreisen bald ihre Kampfjets. Die Entwicklungshelfer vom Norwegischen Roten Kreuz im Konvoi hinter uns haben weiße Stahlhelme aufgesetzt und ihre schusssicheren Westen angelegt. Das TV-Team aus Deutschland ist deutlich weniger gut ausgestattet, wir wirken wie Berichterstatter vom Staatsbesuch, die überraschend in einen Krieg geraten sind – und genau so ist es ja auch.

Dann klingelt mein Handy. Es ist der besorgte Anruf einer deutschen Diplomatin: «Mensch! Machen Sie, dass Sie da wegkommen.»

Nett gemeint, aber leichter gesagt als getan. Konkreter als die konsularischen Ratschläge des Auswärtigen Amts ist in einer solchen Situation das Angebot des israelischen Armeesprechers per SMS: «Schick mir deine Koordinaten bei Google Maps, dann gucke ich, dass ich das an unsere Airforce weiterleite.»

Ich weiß nicht, ob er das jemals getan hat und ob deshalb auch nur ein einziger Kampfpilot seinen Kurs änderte, aber ich fand den Vorschlag ebenso freundlich wie ungewöhnlich.

In Israel kann kaum jemand verstehen, wieso ein deutscher Reporter überhaupt nach Gaza fährt. Selbst schuld, wenn dir etwas passiert, ist die gängige Einstellung, was willst du dort auch? Kein Wunder, denn Gaza-Berichte im israelischen Fernsehen beschränken sich auf Material der Nachrichtenagenturen, in dem bärtige Männer mit Maschinenpistolen wüste Drohungen ausstoßen.

Und natürlich gibt es die auch.

Der Moment, als ich aus dem Bett hochschrecke, weil jemand gegen die Tür meines Hotelzimmers hämmert, gehört zu den weniger angenehmen Erlebnissen. Es ist kurz nach ein Uhr nachts. Ich bin mit dem Team für den kommenden Morgen ganz früh zum Dreh verabredet. Aber die Stimme vor der Tür hat einen anderen Plan: Ich solle mich schnell anziehen und mit ihm ins Innenministerium fahren, sonst könnten wir die Story vergessen. Ich rufe Henryk an, den Kameramann, ein paar Zimmer weiter. Ohne Erfolg. Der Gute schläft wahrscheinlich tief und fest. Wieder das Hämmern an der Tür: «Beeil dich, dein Kameramann ist schon längst dort.»

Ich spüre, wie ich zu schwitzen beginne. Wichtige Entscheidungen treffen sich besser, wenn man nicht soeben aus dem Tiefschlaf kommt. Dann öffne ich die Tür. Den Typen, der da steht, habe ich nie zuvor gesehen. Kurz darauf sitze ich in seinem Auto.

Er sei ein Bekannter unseres lokalen Kontakts und in dessen Auftrag unterwegs. Doof nur, dass der lokale Kontakt ihn nie erwähnte und jetzt sein Telefon ausgeschaltet hat. Andererseits: Es ist mitten in der Nacht, er muss schließlich auch mal schlafen. Andererseits: Wieso will das Innenministerium ausgerechnet um diese Uhrzeit Presseausweise ausgeben? Andererseits: Wir sind in Gaza!

Ich versuche mich zu orientieren und merke sofort: keine Chance. Der Mann könnte mich jetzt sonst wohin bringen. Auch nach unzähligen Besuchen kann ich mir im Gassengewirr von Gaza nicht mal den einfachsten Weg merken. Wenn es noch dazu stockfinster ist, mit nur ein paar funzeligen Laternen, wirkt jede Ecke exakt wie die davor.

Dann stoppt der Wagen. Ein unscheinbares Gebäude, es brennt noch Licht. Drinnen sitzt eine Reihe Bewaffneter an einem langen Tisch. Wird das ein Verhör? Oder stempeln die Ausweise? Gibt es Ärger? Oder eine Drehgenehmigung für den Grenzposten? In den Gesichtern der Männer kann ich so schnell keine Antwort erkennen. Dann sehe ich Henryk mit seiner Kamera auf einem Stuhl in der Ecke. Er grinst. Um den Hals hat er eine brandneue Gaza-Pressekarte, von der vor ein paar Stunden noch niemand wusste, dass es sie überhaupt gibt.

Es ist immer nett, Henryk zu treffen, aber noch nie habe ich mich darüber so gefreut wie in diesem Moment.

Das alles mag amüsant klingen, aber mit Hamas ist nicht zu scherzen. Schein und Sein sollte man hier exakt auseinanderhalten. Die Hamas-Leute treten in vielen Rollen auf. In der politischen Abteilung wollen sie wirken wie fleißige Beamte, als wären sie geradezu rührend um das Wohl ihrer Bürger besorgt. Diese Apparatschiks trifft man in heruntergekommenen Büros. Der Chef sitzt immer im dicksten Kunstledersessel – verschanzt hinter einer ganzen Reihe von Vorzimmern, Bewachern, Assistenten und Sekretärinnen – und schwitzt. Kein Wunder, jedes Gespräch beginnt typischerweise mit einem starken Kaffee und ein paar höflichen Vorbemerkungen, zum Interview selbst wird Kaffee gereicht, und gegen Ende kommt noch mal jemand und bietet Kaffee an. Wirklich erfahren hat man in der ganzen Zeit kaum etwas.

Nervraubender ist der Termin bei einem ranghohen Anführer und Mitbegründer der Hamas. Der Mann ist Todfeind der Israelis. An der Straßenecke hält ein Auto, wir sollen einsteigen, man werde uns zu ihm bringen. Einzige Bedingung: Wir müssen uns die Augen verbinden lassen. Niemand soll sehen, wohin die Fahrt geht. Das war nicht eingeplant. Aber um lange abzuwägen, ist jetzt keine Zeit.

Es wird ein Dreh mit Herzklopfen und Hindernissen. In dem abgedunkelten Raum, in dem wir schließlich landen, hat der Kamerakollege ein echtes Problem: Das riesige Glasmodell einer Moschee steht im Weg. «So bekomme ich hier kein brauchbares Bild hin.» Wir entscheiden uns, das überdimensionale Objekt vorsichtig an die Wand zu rücken, und merken dabei: Es ist deutlich schwerer als gedacht. Wir ruckeln hin und her, das Minarett schwankt gefährlich. Es knarzt und knackt. Die beiden Typen mit Maschinengewehr in der Ecke werden langsam unruhig. Kameramann und Reporter steht der Schweiß auf der Stirn. Für einen Moment sind wir sicher:

Wenn uns das gute Stück jetzt herunterfällt – wir würden dieses Haus nicht lebend verlassen.

Das Interview selbst verläuft dann beinahe zu glatt. Der Hamas-Frontmann antwortet auch auf wiederholte Fragen mit immer derselben Litanei aus Parolen und vermeintlichen Rechtfertigungen. Er fordert Rache gegen Israel, hält Selbstmordattentate für legitim und macht klar, dass in seiner Weltsicht für einen israelischen Staat kein Platz ist. Zentrales Argument für ihn ist der «Wille Gottes». Es sind schauerliche Sätze, vorgetragen mit ruhiger, fast einschläfernder Stimme. Mir fallen die tiefen Ringe unter seinen Augen auf, er wirkt müde. Gleichzeitig hat er einen stechenden Blick. Zu lange darf das Gespräch nicht dauern, alle Top-Leute der Hamas wechseln regelmäßig ihren Aufenthaltsort. Sie wissen, dass sie auf der schwarzen Liste der Israelis ganz oben stehen. Eine dieser «gezielten Liquidierungen» wird ein paar Jahre später auch unseren Gesprächspartner treffen: Eine Rakete aus einem israelischen Kampfhubschrauber tötet ihn in seinem Auto.

Wie sehr die Terrorideologie der Hamas-Leute in Gaza verfängt, ist schwer einzuschätzen. Meinungsforscher haben in einem Unterdrückungsregime nicht viel zu tun. Mehrfach erleben wir bei Drehs, wie die Menschen ihre Worte betont vorsichtig abwägen. Jetzt bloß keinen Fehler machen, der gravierende Folgen haben könnte.

Umso erstaunlicher ist es, wie viele dennoch vor laufender Kamera offen sagen, was sie denken. Das gilt speziell für Kritik an den islamistischen Machthabern, aber auch für die, die sich dem Regime und seiner Ideologie verschrieben haben.

Besuch bei einer auf den ersten Blick ganz durchschnittlichen Familie: Die Kinder winken fröhlich in die Kamera, wie sie es überall im Nahen Osten tun. Doch diese Familie ist alles andere als gewöhnlich. Einer ihrer Söhne wurde von israelischen Sicherheitskräften erschossen, er suchte an einer Bushaltestelle gerade nach einem Platz für seine Bombe. Ein Selbstmordattentäter, den sie hier Märtyrer nennen. Sein Bild ist im Haus der Familie allgegenwärtig.

Meine Fragen, wie Eltern so etwas zulassen können, wie nagend das Gefühl ist, am Ende mitverantwortlich zu sein für den Tod unschuldiger Menschen, wie groß die Trauer über den Verlust des eigenen Kindes – alle prallen sie an der Mutter ab. Der naive Versuch eines westlichen Reporters, in einem kurzen Fernsehinterview das Bollwerk aus Hass, Verblendung und religiösem Fanatismus zu durchdringen.

Diese Familie erwartet von ihren Mitbürgern kein Beileid, sondern Glückwünsche. Am Ende unterbricht der jüngste Sohn das Gespräch und sagt stolz: «Wenn ich mal groß bin, will ich auch so werden wie mein Bruder.»

Abgeriegelt & weltoffen

Gaza – das Stichwort genügt, schon läuft bei den meisten Zuschauern im Kopf ein ganz eigener Film ab. Zu keinem anderen Thema habe ich während meiner Zeit als Nahost-Korrespondent so viele Reaktionen bekommen: Mitleid, Wut, Sympathie, Hass – alles dabei. Gleichgültigkeit scheint es bei dem Thema nicht zu geben. Für die Heimatredaktionen bedeutet ein Beitrag aus Gaza immer extra Arbeit, weil so viel Zuschauerpost zu beantworten ist.

So ist das, wenn ein Ort seit Jahrzehnten regelmäßig Schlagzeilen macht, den nur die allerwenigsten jemals selbst gesehen haben. Der Zugang ist – genau wie das Rauskommen – streng reglementiert. Die Zeiten, als viele Israelis nach Gaza fuhren, um mal eben und vor allem preiswert Blumen für die Liebste zu kaufen, sind schon länger vorbei. Viele erinnern sich wehmütig daran, interessanterweise auch in Gaza selbst. Der grinsende Taxifahrer zum Beispiel, der nicht weit entfernt vom Hamas-Hauptquartier hebräische Popmusik eingeschaltet hat. «Galgalatz»[*] – die junge Welle des israelischen Armeerundfunks. Ausgerechnet hier! Ob das jetzt wirklich eine gute Idee sei, frage ich vorsichtig. Der Mann dreht noch mal lauter, er träumt von den Zeiten, als die Grenzen offen waren und er für Israels Busgesellschaft die Strecke nach Eilat runterfuhr. Er träumt von friedlicher Nachbarschaft. Er weiß, dass ihn sein Traum hier das Leben kosten kann. Aber er weigert sich, ihn ganz aufzugeben.

Mittlerweile ist die Grenze dicht, martialisch gesichert, eine Leistungsschau der Zaun-, Beton- und Überwachungsindustrie. Der Übergang[**] in Erez, eine knappe Autostunde südlich von Tel Aviv,

---

[*] Zu hören weltweit via **Live-Stream**: glz.co.il

[**] Das **Kontrollterminal** liegt neben dem gleichnamigen Kibbuz am Ende der Straße Nr. 4. Bis zum Parkplatz für jeden zugänglich. Der Übergang nach Gaza ist für Touristen nicht möglich – und auch nicht zu empfehlen.

wirkt von außen wie das Terminal eines Provinzflughafens. Israelis dürfen hier nicht passieren, für sie ist Gaza tabu. Die riesige Halle ist meistens gähnend leer, die einzigen Grenzgänger sind Mitarbeiter von Hilfsorganisationen, Diplomaten, Journalisten. Eine unserer deutschen Praktikantinnen im ZDF-Studio hatte hier mal ein spezielles Problem. Ihr alttestamentarischer Vorname machte den Kontrollbeamten stutzig. Er bestand auf einer Bestätigung aus Deutschland, dass sie keine Jüdin ist. Die Eltern der jungen Kollegin sind dann fast vom heimischen Sofa gefallen, als das Telefon klingelte und ein israelischer Grenzer ihnen mitteilte, die Tochter sei gerade in Richtung Gaza unterwegs.

Die Regeln, nach denen hier kontrolliert wird, sind unklar und geheim. Jeder Checkpoint zwischen Israel und den besetzten Palästinenser-Gebieten ist anders. Journalisten, die da täglich durchmüssen, haben ihre Abkürzungen dafür – (*DCO* = *District Coordination Office* oder «*300*» nach einer dort stationierten Armeeeinheit) und ihre Erfahrungen: Wo gelangweilte Teenager stationiert sind, die ihren Wehrdienst in Israels regulärer Armee ableisten, ist die Passage zumindest für die Presse häufig relativ unkompliziert. Hier sind die von der offiziellen PR so gerne zur Schau gestellten, cool grinsenden Girls in Uniform tatsächlich zu erleben. Bei der paramilitärischen Border-Police gibt es weniger zu scherzen. Gänzlich unberechenbar: private Sicherheitsfirmen, die im Auftrag des Staats Dienst schieben und damit Geld verdienen. Wer sich beschweren will, dem teilt der Staat freundlich mit, man sei ja gar nicht mehr zuständig. Es ist ein Schwarzer-Peter-Spiel und ein Phänomen, das es nicht nur in Israel gibt.

Während der Irak-Invasion hatte die US-Armee private Firmen beschäftigt, die – bis heute nur unzureichend aufgeklärt – die «Drecksarbeit» machten. Auf Flügen in die Krisenregionen der Welt sieht man sie immer noch regelmäßig: bullige Typen mit raspelkurzem Military-Haarschnitt und praktischer Laptop-Tasche,

Statur Kleiderschrank, unterwegs mit Business-Class-Ticket. «Für Sicherheit sorgen» ist ein boomendes Geschäft. Wenn der Staat diese Aufgabe an Unternehmen auslagert und die Verantwortung gleich mit, wird es häufig ungemütlich.

In Erez lässt die grau schimmernde Halle am Übergang nach Gaza jeden, der sie zum ersten Mal betritt, nachhaltig verstört zurück. Eine automatisierte Abfertigungsanlage, fast menschenleer. Die israelischen Kontrolleure sind nicht zu sehen, haben aber aus ihrer Zentrale im Obergeschoss alles im Blick. Hinter den schweren, dunklen Scheiben kann man ihre Anwesenheit nur vermuten. Wer mit einer Sondererlaubnis hier durchdarf, schiebt sich an hohen Metallwänden entlang, überall Kameras, gleißendes Neonlicht, stählerne Türen.

Die Anlage ist in mehrere Abschnitte unterteilt. Immer wieder fühle ich mich wie in einer Falle. Hinter mir ist gerade die Gittertür zugefallen, ich habe ein stählernes Drehkreuz passiert. Aber der Gang vor mir endet an einer Mauer. Ich suche die Überwachungskamera, in deren Richtung ich fragende Gesten mache. Ich weiß, dass sie mich beobachten und wahrscheinlich gerade über mich lachen. Ich weiß, dass niemand da ist, mit dem man reden könnte, und höre mich trotzdem fragen: «Was soll ich jetzt tun?»

Es ist nicht ganz einfach, hier die Nerven zu behalten, wenn man so etwas noch nie erlebt hat.

Dann öffnet sich – ferngesteuert – ein schweres Tor in der Mauer. Lautes Poltern. Der Weg ist frei ins nächste Labyrinth aus Gittern und Gängen.

Aus israelischer Sicht dient all das der Sicherheit. Niemand soll hier durch, der nicht komplett überprüft worden wäre. Während der Zweiten Intifada gab es immer wieder Attacken auf den Checkpoint. 2004 hatte sich eine palästinensische Selbstmordattentäterin im Terminal in die Luft gesprengt und vier israelische Kontrolleure getötet.

Auf dem Rückweg in Richtung Israel kommen deshalb noch Durchleuchtungsgeräte dazu und Kommandos aus Lautsprechern, mit denen das Sicherheitspersonal im Hintergrund die Abfertigung steuert. Wer Pech hat, landet in einem Extraraum, muss sich auf einen in den Boden eingelassenen Gitterrost stellen und kann nur raten, was hier vor sich geht. Die Stimme aus dem Lautsprecher beschränkt sich auf scheppernde Anweisungen: «Ruhig stehen! Arme hoch! Danke schön!»

Ein Kollege hat mal gesagt: «Seit ich dieses Grenzterminal kenne, weiß ich, wie sich eine Kuh auf dem Viehhof fühlt.»

Auf der anderen Seite der Betonmauer, die hier tatsächlich an Berlin vor 1989 erinnert, ist der erste Teil des Absperrwahnsinns vorbei, aber der Weg noch lange nicht. Jetzt folgen zehn Minuten Fußmarsch durchs Niemandsland, in einem Metallkäfig, in dem ich mich jedes Mal frage, was wohl passiert, wenn darin jemand Panik bekommt. Hinter einem: die israelischen Scharfschützen im Wachturm, links und rechts Geschosskrater aus dem letzten Krieg und manchmal ein Esel: Welcome to Gaza.

Die Hamas hat natürlich ihren eigenen Checkpoint. Kein Vergleich mit Israels Hightech-Apparat – die bärtigen Männer mit schlecht sitzenden schwarzen Uniformen und flackerndem Blick wirken auf ihre Art. Von dem Typen mit der Spritze habe ich später noch geträumt. Er stellt sich als «Doktor» vor und teilt mit, im Kampf «gegen die Schweinepest» werde er bei allen Ausländern jetzt erst mal Fieber messen. Über meinen Befund hätte ich danach beinah laut gejubelt: 37 °!

Mehr als ein Dutzend Tore, Scanner, Barrieren und Drehkreuze – wie lange die Prozedur dauern wird, kann vorher niemand sagen. Unsere Cutterin Sabine hat auf dem Rückweg von Dreharbeiten in Gaza mal den Checkpoint lahmgelegt, durch eine Tür kam plötzlich ein Kontrolleur gestürzt, Maschinenpistole im Anschlag, und rief: «Wem gehört der schwarze Kasten?» Sabine wurde in einen bombensicheren Spezialraum geführt und musste dort auf den verdächtigen Gegenstand warten. Irgendwann setzte sich ein Förderband in Bewegung, und gleich von weitem erkannte sie: das Ladegerät für unsere Kamera-Akkus.

Ich habe mit dem Team schon Stunden gebraucht, einfach nur um von der einen Seite der Grenzmauer auf die andere zu kommen. Das Erstaunliche und gleichzeitig auch das Verstörende: Man gewöhnt sich daran. Die Sperranlagen, die eingezäunten Gänge, die Befehle aus dem Lautsprecher – wer regelmäßig als Reporter nach Gaza fährt, lässt das irgendwann mechanisch über sich ergehen. Eine menschengemachte Absperrmaschinerie wird zum Routine-Parcours auf dem Weg zur nächsten Reportage.

Und trotzdem bleiben Bilder und Begegnungen hängen: Schwerkranke im Rollstuhl in der sengenden Hitze zwischen den Abfertigungsanlagen. Ein älterer Herr, der zur Dialyse muss, aber mit dessen Papieren irgendetwas nicht stimmt. Eine Mutter und ihr behindertes Kind, beide weinen.

In besonderen medizinischen Fällen gewährt der israelische Staat Palästinensern in Gaza die Möglichkeit, via Erez auszureisen. Es ist die absolute Ausnahme, eine logistische Tortur, und für diese Menschen doch gleichzeitig ein Hoffnungsschimmer, jemanden zu finden, der ihnen in ihrem Schicksal beisteht. Der letzte Hoffnungsschimmer – und der einzige.

Für die überwältigende Mehrheit der Menschen in Gaza sind die Wachtürme von Erez und das Land dahinter unerreichbar. Auch Ägypten hat seine Grenze zu Gaza abgeriegelt, die Passage über den Checkpoint dort ist erratisch, häufig nur mit Beziehungen und albtraumhafter Bürokratie zu stemmen – der Zorn auf die ägyptischen Brüder ist deshalb bei vielen in Gaza noch mal größer als der auf die Israelis.

Und auch der Zorn auf die Machthaber wächst. Die Radikalen sind gleich von mehreren Seiten unter Druck. Den noch Radikaleren ist selbst Hamas viel zu liberal. Dagegen sehen viele Junge und gut Ausgebildete in Gazas bärtigen Islamisten das größte Hindernis für ihre Zukunft. Immer mal wieder gibt es die Idee, Gaza und das Westjordanland unter eine gemeinsame Verwaltung zu stellen. Dass die Radikalen dann aber ihre Waffen abgeben würden, glaubt kaum jemand. Dass damit – zumindest mittelfristig – alles besser würde, müsste erst bewiesen werden. Zu oft ist Gazas Bevölkerung schon enttäuscht worden.

Kaum zu fassen, aber in diesem von der Welt getrennten Gebiet gibt es ganz besonders weltoffene Menschen. Menschen wie Asmaa Al-Ghoul. Im Reich der Radikalen, wo politische Opposition gefährlich ist, will sie nicht länger schweigen. Zum ersten Mal in ihrem Leben spürt sie, was Freiheit ist. Und sie will jedes bisschen davon nutzen. Inmitten der Ohnmacht von Gaza hat Asmaa ihr eigenes Machtinstrument gefunden. Im Internet. «Es ist ein Freiraum», erzählt sie uns. «In meinem Blog kann ich schreiben, was ich will. Die einzige Zensur, die es da gibt, ist meine eigene.» Asmaa schreibt über ihre Sehnsucht nach Aussöhnung zwischen den palästinensischen Fraktionen und ihre Sehnsucht nach universellen Menschenrechten.

Zweimal haben die Hamas-Machthaber sie verhaftet und brutal geschlagen. «Meinen Willen haben sie nicht gebrochen.» Sie will tapfer sein. «Jetzt erst recht», postet sie auf Facebook und Twitter.

Wir treffen die junge Frau mit dem schüchternen Lächeln in einem Bürohaus in Gaza. Hier organisiert Asmaa ihre kleine, private Revolution. Wer in Gaza online für die Freiheit wirbt, muss im realen Leben aufpassen. Und doch hat das hier nichts von konspirativem Untergrundtreffen: ein großer Tisch, überall Computer und drum herum fast ausschließlich Frauen. Gut gelaunt bei Kaffee und Tee. Sie wollen hier lernen, mit den neuen Möglichkeiten umzugehen. Ein Post bei Facebook – wie kontrolliere ich, wer das sehen kann? Wie funktioniert Twitter? Wie stelle ich ein Video ins Netz?

Verglichen mit der Einwohnerzahl, hat Gaza die meisten Facebook-Nutzer weltweit, sagen sie stolz. Und es werden immer mehr. In einer Gesellschaft, in der gerade die Frauen ohne Genehmigung ihrer Familie, ohne Überwachung durch Brüder und Väter, kaum etwas alleine tun dürfen, in einem abgeriegelten Küstenstreifen, den sie in der realen Welt kaum verlassen können, bekommt Facebook eine Bedeutung, die wir uns in Deutschland kaum vorstellen können: Es ist das Tor in eine andere Welt.

Für Facebook selbst stellen sich damit drängende Fragen. Der Internet-Gigant ist weit mehr als ein soziales Netzwerk, er ist überall in der Welt zu einem Akteur geworden, dessen Einfluss nicht überschätzt werden kann. Wie geht das Unternehmen damit um? Ist den Machern in Kalifornien klar, welche Hoffnungen und Ängste sich mit ihrer Plattform verbinden?

Facebook bleibt merkwürdig still. Unsere Bemühungen, konkrete Antworten zu bekommen, stoßen auf Granit. Die Kommunikation mit den weltumspannenden Kommunikatoren ist schon bei einfacheren Themen wenig ergiebig. Gründer Mark Zuckerberg, der mit seiner Firma Milliarden verdient, hat den hochpolitischen Aspekt von Facebooks Angebot zu Anfang wahrscheinlich gar nicht auf der Rechnung gehabt, jedenfalls spielt er die Rolle seines Netzwerks öffentlich gern herunter. Erst in jüngster Zeit beginnt Facebook unter öffentlichem Druck, dürre Antworten zu liefern. Lange Zeit war die Strategie eindeutig: Eine Megafirma wiegelt ab. Vielleicht aus Angst vor der Verantwortung für Menschen wie Asmaa Al-Ghoul. Für sie wurde Facebook zu einem wichtigen Teil ihres Lebens und gleichzeitig lebensgefährlich.

Ich bewundere ihren Mut und frage mich gleichzeitig, ob sie nicht zu viel riskiert, als sie uns die Drohungen zeigt, die sie im Netz bekommt: «Wir wissen, wo du wohnst. Wir wissen, wie dein Sohn heißt. Das sind deine letzten Tage!»

Ja, sagt sie, sie habe Angst, vor allem Angst um ihr Kind. «Ich habe nur ihn auf der Welt. Ich möchte nicht, dass ihm meinetwegen etwas zustößt.»

Kurz nach unserem Treffen ist Asmaa plötzlich nicht mehr zu erreichen. Ihr Handy abgestellt, die Wohnung verlassen. Wir machen uns Sorgen. Dann kommt die erlösende Nachricht. «Mir geht es gut, ich brauche nur ein bisschen Ruhe», schreibt sie. Via Twitter.

In den Nahost-Schlagzeilen werden die Besonnenen regelmäßig verdrängt durch Terrorführer und Gewalttäter. Dabei gibt es viele solcher Begegnungen, nicht nur in Gaza. Menschen, die träumen – von Freiheit, Frieden und Sicherheit in einer Gegend, in der all das Mangelware ist. Sie sind der Gegenpol zu den radikalen Eiferern, sie haben sich etwas aufgebaut, und sie haben etwas zu verlieren. Und gerade sie werden besonders enttäuscht.

Noch ein Beispiel: Wir drehen in einer Eisfabrik. Deren Produkte wären perfekt für die superlangen nahöstlichen Sommer, und tatsächlich waren sie einst ein Verkaufsschlager in der ganzen Region. Vorbei. Die Chefin des Unternehmens denkt in Umsatzzahlen und Absatzmärkten, sie ist das Gegenstück zu den radikalen Fundamentalisten, aber das spielt keine Rolle. Auch ihr haben israelische Verbote und Beschränkungen die Exportmöglichkeiten genommen. Aus Expansionsplänen wurde Frust.

Im palästinensischen Westjordanland sind die verpassten Chancen für den Frieden noch auffälliger und schmerzhafter. Wer sich Ramallah als nahöstliche Frontstadt vorstellt, chaotisch und gesetzlos, muss umdenken. Die Polizei schreibt hier Falschparker auf, macht Jagd auf Raser und ermahnt die Anwohner, «ein bisschen leiser zu sein» – mittels scheppernder Lautsprecherdurchsage mitten in der Nacht. Es gibt eine Fußgängerzone und spiegelnde Bankpaläste. Ich habe dort immer noch ein Sparkonto, dessen Eröffnung wesentlich unkomplizierter lief als in Israel. Am Ende teilte mir der engagierte Banker mit, ich dürfe jetzt noch am Preisausschreiben teilnehmen. Hauptgewinn: ein goldfarbener Geländewagen.

Ramallah hat sich herausgeputzt. Donnerstagabends, mit Beginn des Wochenendes, pilgern die Jungen und Reichen auf High-Heels zu Garnelen-Cocktails in ein schickes Hotel[*]. Von einem Bild an der Wand in der Lobby schaut Jassir Arafat zu, wie sie es sich gut gehen lassen.

Im Westjordanland ist über Jahre mit massiver westlicher Hilfe so etwas wie eine urbane Mittelschicht entstanden, die unter alten Ölbäumen im In-Lokal[**] sitzt, deutsches Bier trinkt – und ernüchtert in die Zukunft schaut. Kaum einer sieht noch eine Perspektive. Nicht für sich selbst und schon gar nicht für einen eigenen Staat, den die Welt den Palästinensern seit vielen Jahren gebetsmühlenartig verspricht.

Der palästinensische Inhaber einer Werbeagentur in Ramallah hat in Saarbrücken studiert und liebt deutsche Wurst. Er ist einer der coolen, weltoffenen Partymenschen im Westjordanland. Selbst einer wie er darf nicht ohne weiteres nach Israel reisen. Selbst seinen deutschen Zweitpass akzeptieren die Israelis nicht. Auch er fühlt sich eingesperrt.

Hier müsste dringend etwas geschehen. Ein klares Zeichen, dass sich Friedfertigkeit lohnt, dass Ruhe nicht den politischen Status quo zementiert, sondern Basis für Fortschritte ist. Es fehlen Perspektiven und Vorbilder. Das ist das Credo von einem, der sich selbst als Vorbild sieht. Er kommt weder im Kampfanzug daher noch im schlecht sitzenden Einheitsgrau der lokalen Politiker. Schade, dass

---

[*] **Millennium, früher Mövenpick**, Ramallah, beliebt bei Hochzeitsgesellschaften und im Sommer wegen des großen Pools.

[**] Bester Ort zum Abhängen ist der Garten der **Snow Bar** in Ramallah.
Traditionell: Arafats Lieblingsimbiss **Al Walid Hummus**, im Obstmarkt neben dem großen Parkhaus ganz hinten rechts.
Souvenir: Eine Kaffeetasse der original palästinensischen Kette **Stars & Bucks**.

ihn außerhalb des Nahen Ostens kaum jemand kennt, denn dieser Mann ist eine schillernde Person. Er ist sehr charmant, sehr gewieft. Und sehr reich.

Wir treffen ihn an einem Ort, an dem Filmen streng verboten ist. Die Spezialkommandos der palästinensischen Polizei vor dem Arafat-Grab[*] in Ramallah lassen niemanden einfach so passieren. Aber für unseren Begleiter an diesem Frühsommertag gelten andere Gesetze. Er läuft einfach an den Wachen vorbei, das deutsche Fernsehteam hinterher. Wir haben verstanden: Diesen Mann kann niemand aufhalten.

Der reichste Palästinenser am Grab des bekanntesten. Munib Al-Masri bei Yassir Arafat. Jahrzehntelang war er Arafats engster Berater, mehrfach sollte er Regierungschef der Palästinenser werden, immer hat er abgelehnt. Und lieber mit seinen Unternehmen Milliarden verdient. Der Termin in Arafats Mausoleum ist erst der Anfang, Munib Al-Masri will, dass Deutschlands Fernsehpublikum sieht, was hier möglich ist, wenn man Visionen hat. Und Geld. «Ich lade euch ein in mein ‹Palästinensisches Haus›.»

Ein paar Tage später sind wir dorthin unterwegs, über die kurvenreiche Strecke auf ein Bergplateau hoch über Nablus. Und gleich hinter dem schmiedeeisernen Tor wird klar: Das mit dem «Haus» ist dramatisch untertrieben. Munib Al-Masri hat sich ein Schloss gebaut, eine Mischung aus Disneyland und venezianischer Renaissance mitten im Palästinenserland. Die gewaltige Kuppel, das mächtige Säulenportal – so ein Anblick an diesem Ort haut einen erst mal um. Der Hausherr steht lächelnd auf der Freitreppe und genießt, dass seine Besucher sprachlos sind. Dann bittet er hinein und weiß

---

[*] Neben dem ehemaligen Machtzentrum Arafats, der **Muqataa**. Würfelartiger Bau mit Marmorsarg. Schauplatz einer aufsehenerregenden Exhumierung, als internationale Experten klären sollten, ob Arafat radioaktiv vergiftet wurde. Manchmal offen für Besichtigung.

genau: Das Staunen wird eher größer. Eine dunkle Halle, schwere Teppiche, Marmorböden, Ölgemälde. Wenn jetzt *Rondo Veneziano* in einer Ecke aufspielte, es würde niemanden wundern. Alles hier soll ein Symbol sein für die Schönheit von Palästina. Munib Al-Masri liebt Symbole. Er führt uns zu einer Statue, die zentral unter der Kuppel steht: «Das ist Herkules, auch er ist Palästinenser, denn wir stammen ursprünglich aus Kreta. Die Palästinenser haben eine Menge Durchhaltevermögen, eine Menge Mut, und sie lieben schöne Dinge.» Ich bin nicht sicher, ob dieser elegante Herr im Maßanzug wirklich von den Palästinensern allgemein spricht oder doch eher von sich selbst.

Munib Al-Masri ist mit seiner Hausführung noch nicht fertig, das Beste kommt erst noch, hat er versprochen. Wir wandeln am Thron des letzten Königs von Ägypten vorbei und an einem echten Picasso, immer hat der Schlossherr eine kleine Geschichte parat. Wenn er so erzählt, wirkt alles ganz einfach. Angst vor Dieben? Seinen Palast schließt er niemals ab, sagt er. «Jeder kennt mich hier, das ist die beste Versicherung.»

Ich fühle mich wie in einer Mischung aus Kuriositätenkabinett und Ethno-Museum. «Schließen Sie die Augen, jetzt kommt eine Überraschung», sagt der Schlossherr. Noch eine. Er führt mich eine Wendeltreppe hinunter, einen Gang entlang, durch eine Tür, dann darf ich wieder gucken: Mauerruinen, uralte Gänge, verwinkelte Gewölbe. Wo bei anderen der Hobbyraum ist, hat der Milliardär eine byzantinische Kirche im Keller – 5. Jahrhundert. Das Haus hat er auf Stahlträger über die Ausgrabung gebaut, um sie zu schützen. Ein archäologisches Privatmuseum. Al-Masri spritzt ein bisschen Wasser auf die kostbaren Mosaiken und bringt sie zum Glänzen: «Sehen Sie, wie wunderschön das ist!»

Man nennt ihn den Rothschild Palästinas. Al-Masri hat Päpste und Präsidenten getroffen. Arabische Machthaber, israelische Generäle – wenn er einlädt, bedeutet das Party und immer auch

Politik. «Ich würde Angela Merkel gerne mal hier begrüßen, meine Frau heißt auch Angela.» Dann wendet sich der reichste aller Palästinenser direkt der Kamera zu und wird ernst: «Frau Merkel, Sie sind eine gute Frau, wir Palästinenser setzen auf Sie, und wir bitten Sie: Helfen Sie uns mit unserer Unabhängigkeit.»

Es ist der einzige Traum, den er sich nicht erfüllen konnte: der vom eigenen palästinensischen Staat. Wenn Al-Masri an einem Armeeposten der Israelis aufgehalten wird, dann ruft er mal schnell den Verteidigungsminister an, auf dessen Handy. Aber bei der ganz großen Frage stößt selbst er an Grenzen.

Von seiner Terrasse blickt der Milliardär auf eine Funkstation der israelischen Armee. Ringsherum in den Hügelketten haben sich Israels Siedler breitgemacht. Al-Masris Traumschloss wirkt Welten entfernt vom Nahost-Konflikt und ist doch mittendrin.

Da unten, hinter den Ziergärten rund um das «Palästinensische Haus», am Fuß des Berges, liegt Nablus, jahrelang Zentrum von Gewalt und Terror. Verblichene Plakate mit finsteren Gestalten darauf an den Hauswänden, in den Straßen immer wieder kleine Denkmäler, die an Terroraktionen der Vergangenheit erinnern sollen. Sie wirken ungepflegt, aber abgebaut hat sie auch niemand. Es ist dieser Teil von Palästina, der den Israelis Angst macht.

Munib Al-Masri will uns das andere Nablus zeigen. Mitten in die einstige Terrorhochburg hat er ein Shoppingcenter[■] gesetzt. «Nirgendwo sonst trifft man auf so viel Geschäftssinn wie hier.» Er selbst ist das beste Beispiel. Sein Geld hat er mit Ölbohrungen weltweit gemacht, für seine Investmentfirma in Palästina arbeiten Tausende. Luxushotels, die Börse, die Telefongesellschaft – Al-Masri ist überall mit dabei. Selbst wenn in Nablus ein neuer Handyshop

---

[■] Interessanter ist der wunderbar authentische **Souk**. Touristen findet man hier kaum, dafür die beiden berühmten Spezialitäten dieser Stadt: Seife aus Olivenöl und Knafeh, ein käsiges Süßgebäck.

eröffnet – zwischen Luftballons und Smartphones steht der oberste Chef persönlich und versucht, für ein bisschen Optimismus zu sorgen. Aber er hat erkannt, Konfetti und Konsum werden nicht reichen, wenn sich politisch nichts bewegt. «Wenn die Leute frustriert sind und mit dem Rücken an der Wand stehen, dann weiß niemand, was passieren wird.»

Dem Milliardär geht es wie dem Bierfan in seiner Werbeagentur in Ramallah und der mutigen Facebook-Aktivistin aus Gaza: Sie alle müssen mit ansehen, wie die Verhandlungen zwischen Israel und der gemäßigten Palästinenser-Regierung im Westjordanland keinen Schritt vom Fleck kommen. Während die Radikalen gleichzeitig Bedingungen stellen und es ihnen zum Beispiel gelingt, im Tausch gegen einen entführten israelischen Soldaten mal eben über tausend ihrer Leute aus Israels Gefängnissen freizupressen. Wie die einen als Verlierer dastehen, während sich die anderen als Sieger präsentieren können.

Sie müssen mit ansehen, wie sich die Radikalen Gehör verschaffen, während den Moderaten keine Stimme mehr bleibt.

Das ist die ernüchterndste Wahrheit des Nahost-Konflikts.

PR-Krieg

«Wir haben viele Probleme im Leben, aber in diesen Momenten lachen alle, und das ist toll», sagt Eyad Abu Queik. Der Mann sitzt im dritten Stock eines heruntergekommenen Wohnblocks im Gazastreifen und strahlt aus seinem FC-Bayern-Shirt. Kurz vor der Fußballweltmeisterschaft 2014: Eyad und seine Freunde haben uns eingeladen, mitzufiebern und mitzufeiern. Die Wegbeschreibung war so knapp wie rätselhaft: «Ihr werdet unser Haus sofort erkennen.»

Sie haben recht, das Ziel ist nicht zu verfehlen. Am Zaun, vor der Tür und vom Balkon: überall Deutschland-Fahnen. Das hier ist mit ziemlicher Sicherheit der verrückteste Fanclub des DFB-Teams weltweit. Und einer der treuesten: «Wir mögen die deutsche Spielkultur, und wir mögen, wie schnell die Deutschen spielen, ihre Taktik und ihre Ordnung. Weil sie die Besten sind.» Keiner aus der Gruppe ist Deutscher, kaum einer von ihnen wird je nach Deutschland fahren können – aber für sie gibt es nur ein Team!

Es ist heiß und stickig in dem Raum, dem Ventilator fehlt der Strom. Viel schlimmer: Der Fernseher geht auch nicht. «Wir treffen uns schon mal hier», sagt Eyad, «um uns abzulenken, bevor das Spiel beginnt, weil wir alle so aufgeregt sind.»

Was für eine bunte Truppe in einer der ärmsten Ecken von Gaza! Kurz vor Anpfiff ziehen sie mit uns weiter, in Richtung Strand. Es ist schwer, das Gefühl zu beschreiben – als Deutscher kurz vor einem wichtigen WM-Spiel, inmitten eines Pulks fröhlicher Fans, die Ismail heißen und Mohammad. Und die in der Hochburg der Islamisten schwarz-rot-goldene Fahnen schwenken.

Es ist ein Beweis für die Kraft des Fußballs, hier auf den staubigen Straßen von Gaza – und dafür, wie angenehm klein unsere Welt sein kann.

Das News-Team von *Channel 8* in New Haven, USA. Billy Otwell steht in der 2. Reihe, Mitte.

Nach dem 11. September in New York, im Hintergrund die Trümmer des World Trade Centers.

Mit Patricia Schäfer auf dem «Moma»-Sofa.

Mit Producer Ahmed beim Polizeichef von Dubai. Dieser ist einer unglaublichen Agenten-Operation auf der Spur.

Mit Kameramann Henryk in Aserbaidschan,
ein Ex-Agent will reden.

«1000 km Zaun» –
für eine Doku fahren
wir einmal rund um
Israel.

Das ZDF-Team an
einem harten Tag in
Jerusalem.

An der
Sperrmauer
bei Jerusalem.

Schneller Schnitt unterwegs. Mit Cutterin Sabine in Ramallah.

Gewaltsame Zusammenstöße am Checkpoint Kalandia. Die Weltpresse geht in Deckung.

rusalem an einem «Tag des Zorns». Später in der
acht sind wir hier zwischen die Fronten geraten.

Der «Party»-Bürgermeister
von Tel Aviv. Verkleidet zum
Purim-Fest im – wie er sagt –
«sexy-Diktatoren-Outfit».

Immer informiert: die aktuellen Raketenangriffe auf Israel via Alarm-App fürs Handy.

Gut beschützt: live aus Gaza.

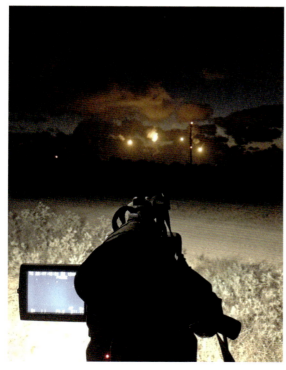

Erste Reihe im Krieg: Wir filmen die israelischen Angriffe auf Gaza, Juli 2014.

Yair hat den Holocaust überlebt. Er ist ein großartiger Zeichner. Und Erzähler.

eim Besuch des Emirs von Katar in Gaza. In der folgenden
acht begannen Luftangriffe, und wir saßen fest.

Nachtschicht im Schnitt,
Studio Tel Aviv.

Gazas Fernsehverbindu
in die Welt. Improvisati
ist alles.

Das Hochhaus mit unserer
Produktionsbüro nach ein
israelischen Raketentreffe
im Gaza-Krieg 2012. Der
Fahrstuhl blieb intakt.

Blick aus dem «Fenster» unseres Produktionsbüros in Gaza.

Fernsehen mit Schutzweste.

TV-Studio in Gaza mit landestypischer Tapete.

Kein Strom, viel Staub. An der syrischen Grenze wollen Cutterin Sabine und Producer Ahmed einen Film fürs «heute-journal» nach Deutschland überspielen.

Checkpoint Erez: Durch einen Metallkäfig auf dem Weg nach Gaza.

Blick aus dem Hotelzimmer im
«Al Deira» auf Gazas Strand.
Dort starben im letzten Krieg
mehrere Kinder.

Das Traumschloss von Munib Al-Masri in Nablus.
Im Keller ist eine byzantinische Kirche versteckt.

German Television unterwegs in Hebron.

Der lokale Fanclub der deutschen Fußballnationalmannschaft in Gaza auf dem Weg an den Strand. Kurz darauf bricht ein neuer Krieg aus – während der WM.

...eharbeiten im Jordantal.

Schlechte Nachrichten für
die Raser von Ramallah.
Die allererste palästinensische
Radarfalle in Aktion.

Außenposten mit Wild-West-Charme. Henryk filmt den argentinischen UN-Stützpunkt auf Zypern.

Kloster muss nicht Askese heißen. Der Abt des Klosters Kykkos ist ein einflussreicher Mann.

Auf Streife mit den Cops von East Liverpool, Ohio. Die Polizei hat geschlossen für Donald Trump gestimmt.

Der kleine Nabil ist auf der Flucht aus Syrien – und ein bisschen verliebt in unseren Mikrofon-Windschutz.

Erinnerungen an ein Leben. Flüchtlingsstrand, Türkei, Februar 2016.

«Wie Glühwürmchen am Horizont» – unsere Scheinwerfer zeigen den endlosen Flüchtlings-Treck durch die Felder. Serbisch-kroatische Grenze im Herbst 2015.

Arbeitsplatz «Grüne Hölle».

Das ZDF-Nachrichtenstudio aus Moderatorensicht.

Ein Hai im Studio? Mit dem Green-Box-Effekt kein Problem.

Statt Bier gibt es Wasserpfeife, statt Großbildleinwand eine unscharfe Projektion, aber ansonsten könnte das auch «Public Viewing» in Gelsenkirchen sein. Für die Deutschland-Fans in Gaza sind es diese Momente, in denen sie vergessen können, was um sie herum passiert. Wenn ihre größte Angst ein Gegentor ist. Zumindest für 90 Minuten.

«Es hat immer nur für den zweiten oder dritten Platz gereicht», sagt Eyads Bruder Suhdi, «aber jetzt ist der Moment gekommen, an dem ich Deutschland mit dem Pokal in der Hand sehen möchte.»

Ein paar Tage später streckt Bastian Schweinsteiger tatsächlich den Weltmeisterpokal in die Höhe. Deutschland jubelt. Eyad und seine Freunde sind in Deckung. Derselbe Strand in Gaza, auf dem wir alle gerade noch mit dem deutschen Team gefiebert haben, ist jetzt Todeszone, Brennpunkt in einem neuen Krieg zwischen Israel und der Hamas.

Neben einer Reihe von Panzern mit rasselndem Motor warte ich auf den Beginn meines Live-Gesprächs mit dem «heute-journal». Im Ü-Wagen läuft das WM-Finale auf einem winzigen Monitor. Die Fans der deutschen Mannschaft in Gaza werden dafür keine Augen mehr haben, für sie geht es jetzt ums blanke Überleben.

Auf der Titelseite der «New York Times» prangt Gazas Strand – das Foto groß aufgemacht, über drei Spalten, in Farbe. Ein kleiner Junge liegt tot im Sand, hinter ihm ist ein Mann zu sehen, auf dem Arm trägt er ein weiteres totes Kind. Insgesamt vier Kinder wurden getroffen, alle Cousins aus der Familie Bakr. Sie hatten am Strand gespielt, als die erste Rakete kam, sie rannten davon. Dann traf sie eine weitere Rakete.

Jeder Konflikt hat ein Bild, das untrennbar mit ihm verknüpft ist. Im Gazakrieg 2014 kommt dieses Foto von Tyler Hicks. Der amerikanische Kriegsfotograf und Pulitzerpreisträger misst seine Arbeit nicht in Stunden und Tagen, sondern ob es ihm gelingt, ein Foto zu machen, das bleibt. Eines von Tausenden. «Wenn man sich die berühmtesten Fotografen der Welt anguckt», sagt Hicks, «dann gibt es nur eine Handvoll Bilder, die wirklich einen Unterschied gemacht haben, die wirklich Aufmerksamkeit brachten.» Sein Strandfoto ist so ein Bild – «die Essenz», wie er sagt, von allem, was er in Gaza sah. «Man kann wochenlang jeden Tag furchtbare Szenen sehen, es gibt immer einen Augenblick, der wirklich bei dir bleibt, der sich einbrennt in der Erinnerung.»

Von der Terrasse des «Al Deira»-Hotels sehen Reporter die sterbenden Kinder, versuchen, erste Hilfe zu leisten. Und erheben schwere Vorwürfe. «Diejenigen, die gefeuert haben, haben offensichtlich so gezielt, dass sie die flüchtenden Überlebenden treffen», schreibt der «Guardian»-Kollege Peter Beaumont. Die Journalisten auf der Terrasse brüllen verzweifelt: «Es sind doch nur Kinder.» Israels Armee sagt später, der Vorfall würde untersucht, dann schiebt die PR-Abteilung noch eine Twitter-Notiz hinterher: «Wir betrachten jeden Tod eines palästinensischen Zivilisten als Tragödie. Die Hamas betrachtet jeden Tod eines israelischen Zivilisten als Errungenschaft.»

Selten habe ich Israels Armee-Sprecher so defensiv erlebt wie an diesem Tag. Und ich bin sicher: Sie werden intern diskutiert haben, wie viele solcher Tragödien sich die Armee eines demokratischen Staates leisten kann. Und wie viel es nutzt, wenn Israel zwar militärisch Siege einfährt, aber sein Ansehen in weiten Teilen der Weltöffentlichkeit eine bittere Niederlage erlebt.

Anders als etwa der Krieg in Syrien oder die Situation im Kampf gegen Drogen und Korruption in Mexiko, wo Journalisten gezielt ins Visier genommen und reihenweise umgebracht werden, einfach, weil sie ihren Job machen, ist der israelisch-palästinensische Konflikt immer auch ein PR-Krieg. Stimmung machen im Propagandakampf um die Sympathien der Welt. Auf beiden Seiten sind die Akteure geradezu süchtig nach einem «Punktsieg» in internationalen

Medien. Eine Folge davon: Journalisten werden geduldet, nicht gejagt.

«Sweety Tours» steht auf dem klapprigen Reisebus. Klingt nach Kaffeefahrt mit Konditorei-Stopp. Aber die Route geht durch ausgebrannte Stadtviertel, vorbei an zerbombten Wohnhäusern und Autowracks. Familien auf der Flucht, Ambulanzen im Dauereinsatz, immer wieder herrenlose Pferde und Esel, die verstört herumirren – alles andere als ein Vergnügungstrip.

Diesen Transfer der speziellen Art hat der Verband der Auslandskorrespondenten organisiert, als einigermaßen sicheren Service für Kamerateams und Pressereporter auf dem Weg an die Front mitten im Gaza-Krieg. Die Route des Busses und die genauen Fahrzeiten sind abgesprochen mit beiden Parteien, die gegeneinander kämpfen. Die Hotels der Journalisten an Gazas Uferpromenade bleiben mit beinah chirurgischer Präzision von israelischen Angriffen verschont, aber die Wände wackeln, der Boden bebt vom Widerhall ohrenbetäubender Explosionen, weil nur ein paar hundert Meter weiter die Raketen ganze Wohnhauskomplexe in Trümmer legen.

Auf der Straße: die Verzweifelten von Gaza. Es sind Tausende, niemand hatte Zeit, irgendetwas mitzunehmen. Niemand von ihnen weiß mehr weiter. Niemand mehr, wohin. Sie wissen nur eins: Dort, wo sie herkommen, können sie unmöglich bleiben. «Von überall wurde auf uns geschossen», sagt eine junge Mutter, dann überschlägt sich ihre Stimme. «Drei meiner Kinder sind tot. Drei Kinder!»

Ihr Stadtteil im Osten von Gaza liegt in Trümmern, nach stundenlangem Beschuss und schweren Kämpfen von Israelis mit Hamas. Die ersten Bilder von dort sind so grausam, dass wir sie nur teilweise senden können. Ein Mann ist zu sehen, der immer nur brüllt: «Bringt Bahren!»

Lange ist die Lage auch für Helfer viel zu gefährlich. Die Notrufe der Bewohner verhallen. Als sich die ersten Sanitäter in das Viertel wagen, steht ihnen der Schock ins Gesicht geschrieben. «Es ist das Schlimmste, was ich je erlebt habe», sagt ein Arzt, der schon viel erlebt hat in Gaza. Es gibt jetzt massive Häuserkämpfe – in einer dichtbesiedelten Stadt. Albtraum auch für viele Israelis. Eine ihrer Eliteeinheiten hat schwere Verluste erlitten. Auch darin zeigt sich das Drama dieses Krieges.

Familie Kilani hatte es geschafft, für Gaza-Verhältnisse einen bescheidenen Wohlstand aufgebaut. Vater Ibrahim ist Bauingenieur, hat in Siegen studiert, seine Familie hat die deutsche Staatsbürgerschaft. Im Viertel heißen sie «die Deutschen». Als Israels Armee warnt, ihr Haus liege in der Gefahrenzone, packen die Kilanis das Nötigste und fliehen. Ihr nächstes Quartier müssen sie auch gleich wieder räumen, weil die Angriffe zu heftig werden. Im «Salam Tower» im Stadtzentrum von Gaza kommen sie schließlich unter. Im «Turm des Friedens» wähnt sich Familie Kilani in Sicherheit. Dann kommen israelische Kampfjets mit ihren Raketen. In den Trümmern des Apartmenthauses findet man die sterblichen Überreste von sieben Menschen: Mutter, Vater und fünf Kinder, «die Deutschen» aus Nord-Gaza. Die Kilanis hatten alle Warnungen der israelischen Armee befolgt. Sie wollten alles richtig machen. Es hat ihnen nichts genutzt. Israels Militärschläge treffen die Radikalen, deren Anführer, deren Raketen – und immer mehr Unbeteiligte, immer mehr Kinder.

Aber auch auf der anderen Seite wird dieser Sommer zur Hölle. Gazas Terrortrupps melden sich via Twitter: Um 21 Uhr wieder Raketen auf Tel Aviv, warnen sie. Und sie machen ihre Drohung wahr. Diesmal ein Luftschlag mit Ansage. In einem Restaurant am Stadtrand rennen alle los, als die Sirenen heulen, wo ist der Schutzraum? Teller fallen zu Boden, Kinder schreien, bange Minuten des Wartens, dann ein dumpfer Knall, keine Explosion: Die Rakete ist abgefangen worden. Aber kaum jemand kehrt an seinen Tisch zurück, den meisten ist der Appetit vergangen. Übers Handy versuchen sie Freunde und Verwandte zu erreichen, hoffentlich ist auch ihnen nichts passiert.

Fast jeder Israeli war mal Soldat, auch die Frauen, jeder kennt jemanden, der gerade in Gaza kämpft. Es sind lange, bange Wochen, in denen sich das Leben nicht nur in dieser lebenslustigen Stadt verändert. Mehrfach täglich rennen die Menschen in weiten Teilen von Israel in die Bunker und hoffen, dass die Luftabwehr sie beschützt. Dass mehrere tausend Raketen aus Gaza nicht viel größere Schäden anrichten, liegt an deren mangelnder Zielgenauigkeit und an einem hochmodernen Verteidigungssystem, dem «Iron Dome». «Dafür zahlen wir unsere Steuern gern», sagen die Israelis. 50 000 Dollar kostet jede dieser Abfangraketen, aber sie ist ihr Geld wert. Der «Iron Dome» rettet Leben. Die Angst vor dem Tod kann er nicht nehmen.

Auch der internationale Flughafen Ben Gurion wird Ziel von Raketen. Für die Israelis ist er mehr als ein Abfertigungsterminal, das einzige wirkliche Tor zur Welt, ein sensibler Ort für dieses Land. Jetzt beginnen die Airlines Verbindungen zu stornieren. Die Menschen in Tel Aviv vergleichen ihre Stadt gerne mit Berlin. Was würden die Berliner tun, fragen sie, wenn ihnen so etwas passieren würde?

Entlang der Grenze zum Gazastreifen sind israelische Panzer aufgefahren. Und Pressesprecher. Zwischen den Satelliten-Übertragungswagen pendeln sie hin und her, vor einer Fernsehkamera zur nächsten – immer bereit, ihre Sicht des Konflikts in die Welt zu tragen. Eine Tankstelle[*] mit angeschlossenem Imbiss wird zur Nachrichten- und Gerüchtebörse. Kaffee, Sandwiches, Gratis-WiFi für Reporter und die Mitglieder von Spezialeinheiten in ihren Tarnanzügen. Bei

---

[*] **Sonol Station** Yad Mordechai, an der Kreuzung von Rt.34 und Rt.4.

Luftalarm, wenn die Sirenen heulen, weil wieder eine Rakete aus Gaza im Anflug ist, treffen sich alle auf der Toilette. Ausgerechnet das soll der «offizielle sichere Raum» hier sein. Aus dem Klofenster fällt der Blick auf einen gigantischen Benzintank.

Unsere Cutterin Sabine erzählt später, wie die Soldatinnen die Alarmauszeit auf der Damentoilette genutzt haben, um Lippenstift nachzuziehen. Schminken im Schutzraum.

Auch den Mann an der Theke beeindruckt der Raketenkrieg offenbar wenig. Nichts kann ihn hinter seinen Kaffeemaschinen hervorholen, immer, wenn die Sirenen losgehen, ruft er kurz «Alarm!» – und dreht dann die Musik lauter.

Für die Pressestelle der Armee ist dieser Krieg ein Großeinsatz. Sie wissen dort, dass mit jedem zivilen Toten in Gaza der internationale Druck steigt. Die Armee will sich rechtfertigen, sie stellt Videos ins Internet, die zeigen sollen, wie Hamas Menschen als Schutzschilde benutzt und Israels Kampfpiloten dann schon mal auf einen Angriff verzichten. Wir sind die Guten, soll das heißen.

Israel ist geradezu besessen davon, das Bild zu bestimmen, das die Welt von dem Land hat. Dafür wendet der kleine Staat enorme Ressourcen auf. Israels Regierung hat 400 eigene Seiten bei Facebook und Co. Jede Behörde unterhält eine eindrucksvolle PR-Abteilung. Auf Hebräisch gibt es einen speziellen Begriff für diese Art der offiziellen Außenwerbung: *Hasbara* (wörtlich: «Erklärung»). Premierminister, Armee, Polizei haben gleich einen ganzen Stab von Sprechern, die sich jeweils auf Medien aus bestimmten Ländern spezialisiert haben. Israel dürfte der einzige Staat weltweit sein, in dem ein Soldat mit hebräischem Dienstgrad in perfektem Hochdeutsch für seine Armee spricht und gleichzeitig der Verantwortliche des Premierministers für die englischsprachige Presse einen australischen Akzent hat.

Außenministerium Jerusalem, ein lichtdurchfluteter Bau, wirklich schöne Architektur. Hier sind Karrierediplomaten zu erleben, deren Handy am Ohr festgeklebt scheint. Sie sollen ihr Land an die Welt vermarkten, und sie klingen dabei, als ginge es um Waschmittel oder Limonade: «Israel hat ein exzellentes Produkt. Unser Staat, die Gesellschaft, die Kultur. Wir wollen, dass die Welt dieses Produkt kennenlernt.» Kennenlernt aus Sicht der Regierung. Eine ganze Abteilung und ein Auftrag: Werbung für den Staat. «Überschriften und Texte haben die Menschen sofort wieder vergessen», sagt einer der PR-Experten, «Bilder bleiben.»

Es gibt Videoaufnahmen von einem speziellen Training, das das Außenministerium angeboten hat. Fernseh-Einmaleins für Anfänger. Die Kursteilnehmer sind israelische Bürger, die enge Angehörige verloren haben bei Selbstmordattentaten von Palästinensern und jetzt lernen sollen, ihre Situation in Interviews möglichst effektiv zu vermitteln. Kernbotschaft des Dozenten: «Im Endeffekt nehmen die Fernsehleute nur einen kleinen Ausschnitt aus dem Interview. Nur 8 bis 12 Sekunden. Nur das kommt in einen Nachrichtenbeitrag rein: maximal 12 Sekunden!»

Angeblich schneidet das Außenministerium alle einschlägigen Nachrichtenfilme wichtiger internationaler Sender routinemäßig mit. Israels Botschafter haben den klaren Auftrag, die Berichterstattung über ihre Heimat genau zu beobachten, und beweisen dabei ein erstaunliches Gedächtnis. Ich habe Diplomaten erlebt, die sich Jahre später noch an einzelne Passagen einer Live-Schalte erinnern konnten, deren Inhalt ihnen nicht gefallen hatte. Meist allerdings mit einem Grinsen im Gesicht.

Wer als Reporter in Israel lebt, merkt den ersten – inoffiziellen – Versuch der Einflussnahme manchmal schon morgens beim Bäcker: «Du bist doch Journalist, sag den Leuten in Deutschland, dass unsere Armee gerade einen gerechten Krieg führt.» Eine ganze Nation als Imagewächter in eigener Sache.

Die bärtigen Sprecher der Hamas kommen deutlich weniger professionell daher. Aber darum geht es ihnen auch nicht. Die Radikalen wollen hier keinen Krieg gewinnen, sondern die Sympathien der Palästinenser. Das perfide Kalkül: Je mehr Bilder von Bombenopfern um die Welt gehen, desto besser für sie. Der militärische Sprecher von Hamas fordert die Israelis zu einer Bodenoffensive geradezu auf. «Gaza wartet auf euch», ruft der vermummte Mann in die Mikrofone, «Gaza wird euch den Tod bringen!»

Hamas nutzt die Tatsache, dass Kriege mit Israel immer asymmetrisch sind: Gazas Zivilbevölkerung hat katastrophale Verwüstung und sehr viele Menschenleben zu beklagen, während das ausgeklügelte Frühwarn- und Abwehrsystem in Israel die allermeisten Raketen aus Gaza unschädlich macht. Die Hamas-Kämpfer operieren im Schutz der Nacht, schnell und wendig mischen sie sich unter die Zivilbevölkerung und sind nur schwer zu orten. Eine menschenverachtende Strategie, die bedeutet, dass der Gegner mit jedem Schlag gegen Hamas das Risiko in Kauf nimmt, eine große Zahl Unschuldiger zu treffen. Terrortrupps mit Guerilla-Methoden gegen eine reguläre Armee. Islamistische Machthaber gegen eine demokratisch kontrollierte Regierung, die den Anspruch hat, für alle ihre Bürger ein Rechtsstaat zu sein – und sich an diesem Anspruch messen lassen muss.

Um bei den Palästinensern zu punkten, wollen sich die Hamas-Leute als «Freiheitskämpfer» präsentieren, die es mit Israel aufnehmen. Sie benutzen – und benötigen – die regelmäßigen Gefechte geradezu, um ihre eigene Stellung zu sichern. Eine wichtige Regel lautet: Je schwächer Hamas ist, je mehr die Islamisten intern unter Druck stehen, desto wahrscheinlicher wird ein neuer bewaffneter Konflikt mit Israel.

Auch die gemäßigte Palästinenser-Führung im Westjordanland, die in vielerlei Hinsicht mit Israel zusammenarbeitet, pflegt ihr Image als Außenseiter. Ein paar Broschüren und Landkarten im

Büro, Ventilator statt Klimaanlage, es liegen Welten zwischen den Büros hier und der Hightech-Atmosphäre im Jerusalemer Außenministerium.

«Israel versucht sich zu verkaufen wie ein Produkt», sagt Diana Buttu, die lange Öffentlichkeitsarbeit gemacht hat für die Palästinenser-Regierung in Ramallah, «die Leute lassen sich davon auch täuschen. Aber wenn man mal ein bisschen am Lack kratzt, dann merkt man, dass dieses Produkt angepriesen werden muss. Weil das Produkt nicht in Ordnung ist.»

Doch auch die Palästinenser wollen Bilder vermitteln. Sie führen Besucher gerne an Israels umstrittene Sperranlage zu den Palästinenser-Gebieten. Da stehen dann amerikanische Schriftsteller auf Rechercherreise im Schatten einer meterhohen Mauer und müssen schlucken. Das Bild wirkt. Die Absperrung ist über große Strecken ein Zaun, Israel spricht grundsätzlich vom «Sicherheitszaun», die Palästinenser nur von der «Mauer». Es ist auch ein Krieg der Worte.

In dieser zerstrittenen Region hat jede Seite ihre eigene Wahrheit und wenig Interesse, das zu ändern. Für die Wahrheit – und für den Nahen Osten – sind das keine guten Nachrichten. Nahost polarisiert wie kein zweites Berichtsgebiet. Jedem Reporter, der dort arbeitet, ist das bewusst. Es ist ein Klassiker der Krisenberichterstattung. Unzählige Bücher sind so entstanden und unzählige Legenden. Alle Seiten hatten viel Zeit, ihre Propaganda zu perfektionieren. Je schwieriger es ist, den Konflikt mit Waffen zu gewinnen, desto wichtiger wird ein Sieg im Kampf um das beste Image.

Die Nachrichtenagentur *Reuters* hat 197 Büros weltweit. Es gibt keines, das so aufmerksam beobachtet wird wie das in Jerusalem. Matthew Tostevin war dort Büroleiter: «Ich hatte vorher in Westafrika gearbeitet, da gibt es auch sehr schlimme Konflikte. Aber nicht diesen Druck wie hier, dass dich Leute von beiden Seiten anrufen und fragen, warum hast du das so und so gemeldet und nicht anders? Warum hast du diese Bilder gezeigt und nicht andere?»

Für Journalisten macht das die tägliche Arbeit oft aufreibend, es hat im Ergebnis aber auch einen entscheidenden Vorteil: Wenn beide Seiten ständig an einem ziehen, ist es leichter, in der Mitte zu bleiben. Wenn abends bei der Live-Schalte auf dem Dach des Fernsehzentrums plötzlich ein Herr im Anzug auftaucht, schon fertig geschminkt für den TV-Auftritt: «Shalom, ich bin Josh von einer Infoagentur, ich könnte euren Zuschauern erzählen, was die Leute hier so fühlen.» Wir lassen die Kamera aus. Wenn palästinensische Familien eine Opferrolle derart verinnerlicht haben, dass selbst die Allerjüngsten auswendig gelernte Anklagen aufsagen. Wir lassen die Kamera aus.

Statt bei einer der unzähligen israelischen Lobby-Organisationen mitzufahren, die beispielsweise anbieten, Opfer palästinensischen Terrors vor die Kamera zu bringen, knüpfen wir selbst Kontakte und fahren hin. In Gaza interviewen wir nicht die, die immer am lautesten brüllen, sondern die Stillen, später, eine Ecke weiter.

Der Nahe Osten braucht die klassische Auslandsberichterstattung: hinfahren. Selbst sehen. Mit den Leuten reden. Auf allen Seiten. Man darf nicht blind «für die einen» oder «für die anderen» sein. Aber umgekehrt heißt neutrale Berichterstattung eben auch nicht, Dinge, die objektiv ungleich sind, gleichzumachen.

Speziell die fleißigen Verfechter des israelischen Standpunkts benutzen gerne eine eigene Form dieser speziellen Argumentationsstrategie, die im Moment bei Populisten jeder Couleur weltweit eine Renaissance erlebt. Die Amerikaner haben dafür den schönen Begriff *Whataboutism.*

Gemeint ist der sofortige rhetorische Gegenangriff nach dem Motto: «Aber was ist mit denen?» Die Argumente funktionieren alle nach derselben Methode, durch Vergleich. Und sie wirken auf den ersten Blick oft sogar eindrucksvoll, weil sie hemmungslos

Äpfel mit Birnen vergleichen. Man kann sagen: Es ist die erwachsene Variante der Verteidigungstaktik aus dem Kindergarten: «Aber was ist mit Stefan? Der hat auch dazwischengequatscht!»

Wird Kritik an der israelischen Regierung laut, funktioniert *Whataboutism* so: «Aber was ist mit Hamas? Was die tun, ist doch viel schlimmer!»

Der Zustand der palästinensischen Politik ist in der Tat jämmerlich. Aber sollten es wirklich die Radikalen von Hamas mit ihren Terrortrupps sein, an denen sich der Staat Israel messen will? Derselbe Staat, der sich – mit einigem Recht – gerne das Gütesiegel gibt, «die einzige Demokratie des Nahen Ostens» zu sein? Der allen seinen Bürgern verspricht, nach rechtsstaatlichen Regeln zu handeln? Ich finde: Israel (und die Israelis!) haben andere Maßstäbe verdient.

Lange bevor es E-Mails gab und weit vor Twitter konnten Nahost-Korrespondenten bereits eine beeindruckende Sammlung von Reaktionen auf ihre Arbeit vorweisen, die so ziemlich jedes Schimpfwort unter der Sonne enthielten. Der Kontakt via Social Media knüpft da nahtlos an.

Wer will, kann sich als Nahost-Reporter gleich morgens früh auf Facebook und Twitter seitenweise wütende Kommentare geben, gerne mit Kraftausdrücken und Drohungen garniert. Die, die sich wirklich mit dem israelisch-palästinensischen Konflikt auseinandersetzen und vielleicht sogar mal selbst vor Ort waren, sind in der Minderheit. Die meisten, die da schreiben, sehen den Konflikt in Schwarz und Weiß. Die einen beklagen «ekelhafte Palästinenser-Propaganda», die anderen «Hörigkeit gegenüber dem Judenstaat».

Oft geht es in beiden Fällen um ein und denselben Fernsehbeitrag.

Das Absurde dabei: Wer sich selbst ganz und gar auf eine Seite geschlagen hat, donnert am lautesten über die vermeintliche Einseitigkeit der Berichterstattung. Ziel ist, die eigenen (Vor-)Urteile bestätigt zu bekommen und, bitte schön, mehr nicht. Solange die Schilderung des Reporters dem entspricht, gilt sie als vorbildliche Berichterstattung. Was der eigenen Ansicht zuwiderläuft, wird pauschal abgetan – als Lügenjournalismus und Medienhetze.

Der «Fake News»-Schlachtruf ist keine Erfindung von Donald Trump. Wenn es um Israel geht und die Palästinenser, gibt es ihn schon ewig.

Einsdreißig

Die erste Regel im kleinen Handbuch für Auslandskorrespondenten lautet: Immer und überall auf die Zentrale schimpfen. So hielten es die weltenbummelnden Reporterlegenden in ihren Memoiren, die ich als Teenager verschlungen habe. So praktizieren es ein paar Kollegen auch heute noch: «Die Zentrale hat ja keine Ahnung, was hier los ist!»

Natürlich sieht die Welt je nach Standort des Betrachters immer wieder anders aus. Natürlich versucht jeder Auslandskorrespondent alles, um sein Berichtsgebiet so umfassend und regelmäßig wie möglich ins Programm zu bringen. Und natürlich gibt es in den Nachrichten immer viel zu wenig Zeit.

Kein Reporter ist begeistert, wenn der Redakteur aus der Zentrale anruft und mitteilt: «Sorry, aber dein Thema bekommen wir heute beim besten Willen nicht mit.» Ein bisschen besser – immerhin – ist dieser Satz: «Das sollte klappen, aber du musst deutlich kürzer werden, maximal anderthalb Minuten. Und keine Sekunde mehr!»

Und bist du noch so fleißig, es werden nur einsdreißig.

Den Spruch habe ich als Junge mal in einem Buch über die «Tagesschau» gelesen, und irgendwie ist er mir im Kopf geblieben. Dass ihn beim Fernsehen tatsächlich mal jemand benutzt hätte, habe ich nie erlebt, aber inhaltlich ist viel Wahres dran.

Das Klagen über die Zentrale mag klischeebedingt zum Berufsbild von Auslandskorrespondenten gehören, so wie der Griff an den Ohrhörer während der Live-Schalte, weil die Fragen des Moderators aus dem fernen Deutschland so schlecht zu verstehen sind. (Gerüchteweise soll es Reporter geben, die das selbst dann machen, wenn die Verbindung bestens ist, einfach, weil sie finden, es gehöre dazu.)

125

Doch die Zeiten ändern sich. Die Arbeit wird einfacher und herausfordernder zugleich. Immer weniger Zeitungen und Sender können sich dauerhaft in einem Berichtsgebiet stationierte Korrespondenten überhaupt noch leisten. Gleichzeitig braucht es keine Profitechnik und komplizierten Satellitenverbindungen mehr, um aus fernen Weltgegenden nach Deutschland zu berichten. Die Ära Scholl-Latour ist lange her, als Auslandsbeiträge mit dem Filmsack im Cockpit einer Linienmaschine nach Deutschland befördert wurden und – wenn sie irgendwann angekommen waren – erst noch entwickelt und bearbeitet werden mussten. Zeit, die dem Team vor Ort die Möglichkeit gab, länger zu recherchieren. Oder ausgiebig in der Bar abzuhängen. All diese legendären Geschichten stammen aus alten Zeiten. Ich habe sie nie erlebt.

Aber auch vor wenigen Jahren noch war eine TV-Auslandsreportage zunächst einmal vor allem ein logistischer Großeinsatz. Das Equipment auf mehrere Schrankkoffer verteilt, Bandmaschinen, Mikrofone, ein Mischpult für den Ton, die gleichermaßen teure wie schwere Kamera musste mit in die Flugzeugkabine. Das meist benutzte Wort beim Check-in hieß: Übergepäck.

Während der Balkan-Krisen haben wir stundenlang temporäre Schnittplätze aufgebaut (meistens im Zimmer der Cutter, die über Monitore und Kabelgewirr irgendwie in ihr Bett steigen mussten) und dann gehofft, dass sie auch funktionieren.

Hatte alles geklappt, musste irgendwer mit dem fertigen Film auf einer Bandkassette zur nächsten Satellitenstation fahren oder, schlimmer noch, zum Komplex des Staatsfernsehens am Rande der Stadt, wo gelangweilte Techniker in museumsreifen Schalträumen versuchten, eine Verbindung ins ferne Deutschland zurechtzustöpseln. Zu jedem Dreh gehörte die bange Frage: «Bekommen wir das überspielt?»

All das hat sich entscheidend geändert. In jedem Smartphone steckt eine Kamera, jeder Laptop kann schneiden, und das Handynetz überträgt Fernsehbeiträge und Live-Schalten rund um die Welt. TV-Produktion ist sehr viel leichter geworden – zumindest, was das Gewicht betrifft.

Heute sind Bilder aus praktisch jeder Ecke des Planeten in kürzester Zeit zu bekommen, oft in Echtzeit. Zu den berufsmäßigen Kameraleuten kommen Milliarden potenzieller Amateurfilmer, die ihre Videos in sozialen Medien wie Twitter und Facebook hochladen. Der Zeitdruck auf Reporter vor Ort nimmt enorm zu. Tagelange Recherchen während einer Breaking-News-Situation sind undenkbar. Die Redaktionen zu Hause wollen im Stundentakt beliefert werden. Erst ein Beitrag, dann die Live-Schalte, dann wieder ein Beitrag, gefolgt von der Live-Schalte. So läuft das ab dem «Morgenmagazin» bis zur «heute+». Wenn die brisante Lage mehrere Tage hintereinander anhält, geht ohne Unmengen von Kaffee nicht mehr viel. Den Rest muss das Adrenalin besorgen.

Vom technischen Aufwand mag alles viel unkomplizierter sein, der journalistische Aufwand bleibt derselbe. Seriös recherchierte Antworten auf die Grundfragen «Was ist passiert?» und «Warum?» lassen sich nicht plötzlich schneller geben, weil sie jetzt per Internet nach Deutschland übermittelt werden. Wenn der Reporter vor Ort über ein Ereignis berichten soll, das er selbst kaum noch mitbekommen kann, weil er die ganze Zeit zwischen der Position der Live-Kamera und dem Schnittcomputer hin und her pendelt, dann ist das vor allem eins: ziemlich absurd.

Dass dieser Irrsinn immer so weitergehen wird, kann ich mir kaum vorstellen. Der Gegentrend ist schon zu erkennen: Konzentration auf das Wesentliche. Dem Zuschauer ein Angebot machen, das es nirgendwo anders gibt. Zeit und Ressourcen gezielt einsetzen, mit dem Ziel, eine Reihe *besonderer* Beiträge zu senden, die aus dem endlosen Videostrom des Tages herausragen, und dann darauf bauen, dass die Zuschauer das honorieren.

Aber das erfordert eine Menge Umdenken und den stetigen

Kampf gegen die Routine. Vermutlich werden Studio und Schreibtisch im klassischen Auslandsbüro bald ziemlich überflüssig sein. Es reichen eine schnelle mobile Datenleitung und viel Flexibilität.

Was bleibt, ist die besondere Verbindung zwischen den Korrespondenten draußen und den «Abnehmern» im Sender. Beim ZDF läuft das über den «Auslandsdesk». Mehr als ein Tisch, natürlich, Arbeitsplatz für eine ganze Reihe von Kolleginnen und Kollegen. Sie sind die Anlaufstelle für Themenangebote aus aller Welt und umgekehrt auch die Ersten, die anrufen, wenn die Zentrale etwas will. Das bedeutet: Augen offen halten, nichts verpassen, technisch und logistisch richtig aufgestellt sein – eine Region journalistisch im Griff behalten, die sich oft selbst nicht im Griff hat.

Bei wichtigen Ereignissen begleitet einen der «Auslandsdesk» den ganzen Tag. Es gibt hier Lob und Kritik für die gelieferten Beiträge, die Planung für die nächsten Tage wird besprochen und zwischendurch das (schlechte) Wetter in Deutschland. Der «Auslandsdesk» ist auch so etwas wie der heiße Draht nach Hause. Der Korrespondent wird hier zum Themenmakler, muss Interesse wecken für das, was in seinem Berichtsgebiet geschieht; er muss aufmerksam machen, werben und begeistern. Begeistern ist sehr wichtig. Am Ende zählt die Geschichte, und ich kenne niemanden im Fernsehen, der an guten Geschichten vorbeigeht und sagt: Nein, die wollen wir nicht.

Mir hat das Spaß gemacht. Ich habe versucht, nicht bei jeder kleinen Entwicklung «Alarm» zu schreien, und festgestellt, dass dafür umgekehrt der Hinweis, ein Thema müsse unbedingt ins Programm, in den Redaktionen auch beherzigt wird. Ich habe mich gefreut, wenn Korrespondent und Auslandsdesk gemeinsam Lust daran hatten, Klischees zu brechen. «Fahr einfach mal los und guck nach» – das war jedes Mal der beste Auftrag, den ich mir wünschen konnte: im durchgetakteten Medienbusiness ein bisschen Planungslosigkeit, Raum für Erlebnisse, Platz zum Staunen und für ein klein wenig Augenzwinkern. Ich fand die Zusammenarbeit über viele tausend Kilometer immer professionell, meistens unkompliziert und manchmal auch sehr lustig.

Dann habe ich die Seiten gewechselt. Auf in die Zentrale! Wenn einem etwas ans Herz gewachsen ist, fällt es immer schwer zu gehen, im Nahen Osten kommt noch dazu: Ein Kapitel abzuschließen und alles geordnet zu übergeben klappt sowieso nie. Wer hier mal länger gelebt hat, weiß, dass nie der richtige Moment kommt, um wegzugehen. Ich habe einen besonders falschen erwischt: Sommer 2014. Mitten im Krieg. Umzug unter Raketenbeschuss. Wenn sich der Möbelspediteur aus dem Bunker meldet und mitteilt, der Container verspäte sich, weil die Ladearbeiter im Hafen Angst um ihr Leben haben.

«Der Zweck des Reisens ist genauer hinsehen, tiefer graben, das Echte vom Unechten scheiden, auf Richtigkeit überprüfen, riechen, berühren, schmecken, hören und manchmal – ganz wichtig – unter den Folgen dieser Neugier leiden.» Ein toller Satz des amerikanischen Reiseschriftstellers Paul Theroux.

Das Schöne an meinem Job: Ich habe nur die Perspektive verändert. Jetzt kann ich die ganze Welt im Blick haben – und dabei immer ein besonderes Auge auf Nahost.

TEIL 3: DRINNEN

Grüne Hölle

Die grüne Hölle. So heißt mein aktueller Arbeitsplatz. Den Spitznamen hat das Nachrichtenstudio in der ZDF-Zentrale[*] nicht ohne Grund. Boden und Wände: alles grün. Wer ohne klaren Fokuspunkt am Horizont zu Magenbeschwerden neigt, wird hier seekrank. Vor lauter Grün ist nämlich nicht erkennbar, wo der Fußboden endet und die Seitenteile der Kulisse beginnen: Man kann hier prima mit dem Kopf vor die Wand laufen. Nur der Tisch gibt Halt. Der ist echt, groß, massiv.

Ein Nachrichtenstudio in der Farbe der Hoffnung – das ist ja an sich keine schlechte Idee, der grüne Overkill hat aber einen anderen Sinn: Alles, was grün ist, wird der Computer füllen mit Hintergrund, Vordergrund, Untergrund. Die blaue Wand mit den Weltkugeln fürs «heute-journal» oder die gelbe für die Kindernachrichten von «logo» sind also nur eine Frage der Software und kein Fall für die Maler.

In einem solchen Raum will man nicht unbedingt wohnen, aber dafür ist er enorm wandlungsfähig. Ein meterlanger roter Teppich samt Oscar-Statuen? Kein Problem! Mars-Oberfläche inklusive Landemodul der Raumfähre? Knopfdruck genügt. Wir können den kompletten Studioraum nutzen, um die Rentenreform zu erklären oder die Pkw-Maut, den deutschen Exportüberschuss und die Lage in Mossul. Ein Team von Grafikredakteuren bastelt dazu an 3-D-Objekten, Szenerien, Karten und Diagrammen. Der Moderator muss nur noch aufpassen, dass er korrekt steht, geht und zeigt. Denn all die grafischen Tricks sehen ja nur die Zuschauer, im Studio selbst ist alles grün.

Auf dem Mainzer Lerchenberg. Täglich außer Sonntag kostenlose Führungen. In einem Ministudio am Haupteingang kann jeder das «Green Box»-Prinzip mal ausprobieren.

Und sehr still. Die Hauptkamera hängt an einem Roboterarm; statt in menschliche Gesichter guckt man also meist eine Maschine an, die aussieht, als würde sie nebenher Autoteile zusammenschrauben. Man sollte ihr besser nicht zu nahe kommen: Wenn der Roboter in Aktion ist, blinkt ein kleines rotes Licht, und dann ist jederzeit damit zu rechnen, dass der mechanische Arm ausschlägt. Beim «Morgenmagazin» gab es zu frühester Stunde immer Trubel im Studio, irgendeiner war in der Ecke am Quatschen, zwischendurch fiel auch mal die Kulisse um. Während der Abendnachrichten würde man eine Stecknadel fallen hören – wenn denn jemand da wäre, dem sie herunterfallen könnte.

Ohne Aktenmappen und Werkzeugkoffer auf dem Weg zur Arbeit, im Grunde reicht es für mich, einen klaren Kopf mitzubringen. Die Auswahl an Anzügen und Krawatten hängt im Büro. Und sie hält länger, wenn sie nur stundenweise getragen wird. Fehlt noch das Mikrofon zum Anstecken ans Revers, mal mehr, mal weniger auffällig. («Was tragen Sie da eigentlich für ein Abzeichen auf Ihrem Anzug?», fragte neulich ein misstrauischer Zuschauer.) Und der kleine «Ohrwurm», damit Redaktion und Regie während der Sendung mit dem Moderator reden können. Manchmal müssen sie das tun, während er selbst gerade redet. («Christian, nur ganz kurz: Der nächste Beitrag ist noch nicht da, wir ziehen das Interview vor.»)

Auf dem Tisch steht ein Laptop für Eilmeldungen der Nachrichtenagenturen, Twitter-Feed und den ständig aktualisierten Ablaufplan der Sendung. Daneben eingelassen, für den Zuschauer unsichtbar, ein kleiner Monitor mit dem Bild, das über den Sender geht. Im Tisch gibt es noch eine Schublade mit Spiegel, Puderquaste, und drei Plastikkugelschreibern. Das war's.

«Vorwarnung», ruft die Aufnahmeleiterin, «noch zehn Sekunden!» Dann beginnt der Vorspann, Fanfare, Kamerafahrt: «Guten Abend!»

Klar, dass dieses Studio für die Zuschauer der Dreh- und Angelpunkt ist. Mein Alltag spielt sich dort aber nur für maximal eine Stunde ab. «Sie sind doch der Nachrichten*sprecher*» – bei solchen Sätzen muss ich immer kurz schlucken. Weil es irgendwie nach Ablesen klingt. Und weil der absolute Löwenanteil meiner Arbeit nicht darin besteht, eine *Nachricht zu sprechen*, sondern sich erst mal zu überlegen, was man überhaupt sagen will. Beim «heute-journal» stammt jedes einzelne Wort, das die Moderatoren auf dem Sender sagen, von ihnen selbst – ohne Ausnahme. Bei der «heute»-Sendung texten die Moderatoren so viel selbst wie zeitlich möglich.

Deshalb findet die entscheidende Arbeit an der Nachricht auch nicht im Studio statt, sondern nebenan. Zwei Minuten Fußweg und eine Aufzugfahrt entfernt, in einem Bauwerk, das keinen Anfang hat und kein Ende. Meinen ersten Tag im «Sendebetriebsgebäude» des Zweiten Deutschen Fernsehens irgendwo zwischen Autobahnkreuz und Weinbergen vor den Toren von Mainz werde ich nicht vergessen. Das Haus ist riesig, aber vor allem ist es rund.

«Wer lang genug im Kreis geht, findet irgendwann sein Ziel», hatte der Pförtner gesagt, «und wenn nicht, gehen Sie halt weiter im Kreis.» In den Keller-Katakomben des WDR in Köln soll es Notruftelefone an der Wand geben für alle, die sich verlaufen haben und dringend Hilfe brauchen. Beim ZDF läuft man einfach weiter.

Der architektonische Charme der späten siebziger Jahre hat hier voll zugeschlagen, als Club-Location in Berlin wäre das «SB-Gebäude» ein Renner. Die Fenster lassen sich nicht öffnen, die Klimaanlage spielt verrückt, und aus den Getränkeautomaten kommt «Kaffee, schwarz» oder «Gemüsesuppe» in braunen Plastikbechern. Manchmal auch beides zusammen.

Auf den ersten Blick schwer vorstellbar: Hier schlägt das Nachrichtenherz von Deutschlands meist gesehenem Fernsehsender. Und das kann man hören.

Während an den Börsen dieser Welt kein Händler mehr Kaufangebote brüllt und Milliardenwerte mit einem leisen Klick der

Computermaus den Eigentümer wechseln, wird bei den Nachrichtenleuten im Großraumbüro noch lautstark kommuniziert, diskutiert und vor allem telefoniert. Moderne Technik ist toll, aber nichts ersetzt das Telefonat mit den Reportern vor Ort. Vielleicht bilde ich mir das nur ein, aber ich glaube, nach einem langen Tag erkennt man den verantwortlichen Redakteur der Sendung allein schon an seinen roten Ohren.

Jeden Tag von neuem ist hier dasselbe gefragt: Entscheidungen treffen im Minutentakt. Managen, was ist. Vorhersehen, was kommen könnte. Unser Mann im Nordirak ist unter Beschuss geraten, der Übertragungswagen für die Kollegin am Bundesverfassungsgericht steht im Stau, und der Washington-Korrespondent braucht für seinen Beitrag dringend «20 Sekunden mehr».

Auch wenn es bei den Aktienhändlern deutlich leiser ist, der Vergleich passt ganz gut. Die Nachrichtenredaktion ist im Grunde eine Börse, an der die Ereignisse der Welt gehandelt werden. Wenn viel los ist, steigt die Hürde für eine Nachricht, in die Sendung zu kommen. Wenn wenig passiert, sind alle dankbar, dass die Kollegen in der Planung eine Hintergrundreportage bestellt haben, die wir «immer schon mal machen wollten».

Das erklärt auch, warum ähnliche Ereignisse an unterschiedlichen Tagen unterschiedliches Gewicht bekommen. Es ist eben eine Abwägung, über den ganzen Tag hinweg, immer wieder und jeden Tag neu.

Wichtigstes Instrument bei dieser Abwägung ist die Konferenz. Ich kenne keine Nachrichtenredaktion, die ohne auskäme. Ich kenne auch keine, die sich darauf freuen würde. Diese Sitzung ist unser Handelsparkett: etwa 15 Kolleginnen und Kollegen im Halbkreis. Eine stellt ihre Sicht auf den Nachrichtentag vor, und dann ist die Diskussion eröffnet: Ist das wirklich der richtige Aufmacher? Haben wir alles im Blick, oder verpassen wir etwas? Müssen wir am Thema von gestern dranbleiben? Wie machen wir den komplizierten Sachverhalt verständlich? Haben wir die richtigen Bilder? Und die besten? Sollten wir dem Thema mehr Zeit geben, mehr Tiefe, oder lässt es sich in «kleiner Form» erzählen? Wann bietet sich ein ergänzendes Live-Gespräch an? Wann ist es unerlässlich?

An manchen Tagen ist das schnell geklärt – Routine, Erfahrung und die Weltlage, die ein alles bestimmendes Thema vorgibt. An anderen Tagen ist nichts klar. Und die Konferenz dauert so lange, dass sie fast nahtlos übergeht ... in die nächste Konferenz.

Manche Zuschauer haben den Verdacht, die Themen einer Nachrichtensendung würden jeden Tag aus der Politik vorgeschrieben, manche sind fest überzeugt, das Bundeskanzleramt schicke dazu ein Fax mit dem Ablauf, der dann nur noch entsprechend umgesetzt werden muss. All den Zweiflern antwortet der Sender regelmäßig mit ausführlicher Argumentation. Vielleicht wäre es einfacher, sie stattdessen mal in eine unserer Konferenzen einzuladen. Zum Mitreden. Mitentscheiden. Und Miterleben, wie aus der Sendungsidee vom Morgen am Abend eine ganz neue (und häufig auch ganz andere) Sicht auf den Nachrichtentag geworden ist.

Was das Ganze so anstrengend und gleichzeitig so spannend macht: Es gibt kein Regelwerk, kein Handbuch, keine unumstößlichen Vorgaben. Neu schlägt alt, nah schlägt fern – aber was letztlich aus einem Ereignis die Nachricht für ein Millionenpublikum macht, ist mathematisch exakt nicht zu berechnen. Die tägliche Abwägung hat tatsächlich auch mit Bauchgefühl zu tun, mit Interessen der diensthabenden Nachrichtencrew, mit individuellen Antworten auf die Frage, was ist relevant, und mit der subjektiven Überzeugung, das könnte den Zuschauer interessieren.

Was interessiert den Zuschauer? Die große Frage. Meinungsforscher und Einschaltquote geben Hinweise. Aber wer sich allein darauf stützt, wird diese Welt niemals akkurat widerspiegeln. Das zähe Ringen der Politik etwa um eine Rentenreform oder um die Zukunft des Gesundheitswesens ist kein Quotenknüller, jeder Fernsehredakteur weiß das. Es bleibt aber für jeden einzelnen Bürger enorm wichtig. Die Frage muss deshalb auch lauten: Was *sollte* den Zuschauer interessieren? *Darauf* eine Antwort zu geben, die verständlich ist, weiterführt oder zumindest zum Nachdenken anregt, ist die wahre Herausforderung. Sie ist gleich doppelt groß, weil viele dieser Themen alles andere als «bildstark» sind. Und egal, was passiert: Fernsehen lebt nun mal vom Bild. Experten vor der Bücherwand, abfahrende Limousinen, mitschreibende Journalisten erklären am Ende vor allem eins: warum sich manche Menschen abwenden und denken, Politik sei langweilig.

Oft hilft es, die konkreten Auswirkungen von Politik auf das Leben zu zeigen. Ein beispielhaftes Schicksal, das für die generelle Entwicklung steht, sagt mehr als tausend Statistiken. Das gilt übrigens in der Innenpolitik genauso wie bei Krisen und Katastrophen im Ausland. Oder wie es ein Kollege mal gesagt hat: «Wer eine Flutkatastrophe ausschließlich aus dem Hubschrauber filmt, hat die wahre Dimension nicht erfasst.»

Viel zu besprechen also auf einer solchen Konferenz. Viel Hin und Her. Argumente und Gegenargumente. So geht das jeden Tag. Und nur ein einziger Grundsatz steht unausgesprochen immer mit im Raum. Ein Grundsatz, den Journalistenschüler in der ersten Seminarstunde lernen, aber den sich die Konsumenten von Nachrichten häufig erstaunlich wenig bewusst machen: Wenn ein Hund einen Mann beißt, ist das in der Regel keine Nachricht, umgekehrt dagegen schon.

Wir berichten über das Außergewöhnliche. «Tunesien – Terrorangst am Traumstrand» ist eine Schlagzeile. «Tunesien – Traumurlaub am Traumstrand» ist keine. Der Großteil der Nachrichten enthält deshalb eine implizite Warnung: Seht, was dort (Schlimmes) passiert. Die *Ent*-Warnung – Wochen oder Monate später – muss sich der Zuschauer häufig selbst denken.

Ähnliches gilt umgekehrt für Ereignisse, die lange andauern und irgendwann aus dem Fokus des Interesses verschwinden, ohne dass sich an ihrer Brisanz etwas geändert hätte. Beides führt zwangsläufig zu einem verzerrten Bild.

«Je länger Kriege dauern, desto uninteressanter werden sie. Jeden Tag ein paar Dutzend Tote, das ist keine Nachricht mehr», sagt der Krisenreporter Christoph Reuter vom «Spiegel». «Es ist ein Fehler, wenn wir die höchst eigenwilligen Regeln der Aufmerksamkeitsökonomie tatsächlich für ein Abbild der Wirklichkeit halten. Dem ist nicht so.»

Es gibt manche, die den klassischen Nachrichtenbegriff deshalb grundsätzlich überdenken wollen. Sie fordern «Leidenschaft statt Nachrichtenlage», wie der Medienjournalist Thomas Knüwer. Der seiner Meinung nach größte Fehler der Medienmacher ist «der alte Glaube an eine unausweichliche Nachrichtenlage, die es abzudecken gelte».

Es stimmt ja: Der Anspruch auf «Vollständigkeit» war noch nie zu erfüllen, schon die Definition von Vollständigkeit hängt immer auch vom jeweiligen Standpunkt ab. Viele tausend unterschiedliche Meldungen erreichen die Redaktion der «heute»-Nachrichten jeden Tag. Über die verschiedenen weltweiten Nachrichtenagenturen, von eigenen Korrespondenten und Reportern, aus Pressekonferenzen und Mitteilungen, durch eigenes Erleben und zunehmend via Twitter und Social Media.

In einer durchschnittlichen «heute»-Sendung um 19 Uhr ist Platz für vielleicht zehn verschiedene Themen, und selbst von diesen können einige nur kurz angerissen werden. Vollständig im Sinne von «alles drin gewesen» ist das nicht.

Hinzu kommt, dass die Menge an verfügbaren Informationen rasant gestiegen ist – die Zeit, die jeder hat, um diese Informationen tatsächlich aufzunehmen, dagegen nicht. Ergebnis: Die Leute kümmern sich zunächst einmal um die Themen, die sie besonders interessieren. Lateinamerikanische Wirtschaftspolitik, Eishockey-Ergebnisse, Modetipps. Für die reine «Nachrichtenlage» bleibt weniger Zeit. Die Menschen spezialisieren sich, ohne es sofort zu merken. Negativ ausgedrückt: Sie richten sich ein in ihrer «Blase» und verlieren den Blick auf das Ganze. Kommt noch ein Algorithmus ins Spiel, wie bei Facebook, der bestimmte Informationen selektiert und gezielt zuschneidet, verstärkt sich der Effekt. Die eine Hälfte der Gesellschaft hat keine Ahnung mehr, wie die andere tickt.

Was aber bleibt, ist das Grundbedürfnis der Menschen, informiert zu sein, und das wird sich auch nicht ändern. Egal, wie wenig man sich für Politik interessieren mag, jeder will wissen, was der Mann im Weißen Haus vorhat. Und selbst wenn einen der Sport völlig kaltlässt, wer Fußballweltmeister wurde, interessiert dann doch.

Und: Die Menschen wollen sich begeistern lassen, heute mehr denn je. Das ist das Grundprinzip der sozialen Netzwerke in Internet und: eine Chance für den Journalismus. Authentisch, überraschend, unerwartet, unverwechselbar – auch das sind Kriterien geworden, an denen wir Nachrichtenleute uns messen lassen müssen. Nachrichtenprogramme sind Markenartikel. Sie brauchen ihr Alleinstellungsmerkmal. Der eigene Ansatz, der besondere Blick auf die Hintergründe, die vertraute Moderation, dazu grundsätzlich (und auch in Breaking-News-Situationen): Bilder, die niemand anders liefert und eine seriöse Einordnung mit dazu. Wenn uns so etwas abends in «heute-journal» und «heute» gelingt, sind wir zufrieden und auch ein kleines bisschen stolz.

Dazu gehört Mut zum Detail. Und Mut zur Lücke. Statt vermeintlicher Vollständigkeit sollten wir das Gefühl liefern, gut informiert zu sein – durch eine professionelle Redaktion, die authentisch von vor Ort berichtet.

Die *einzig* richtige Auswahl von Nachrichten wird es niemals geben. Das Thema hat sehr viel mit Vertrauen zu tun, das die Zuschauer einer Redaktion entgegenbringen. Umso wichtiger ist, dass der Nachrichtenbegriff zumindest mal neu *erklärt* wird. Damit sich Zuschauer und Leser bewusst machen, was sie da eigentlich konsumieren: nämlich die Ausnahmen von der Regel. Wenn es in den Abendnachrichten heißt: «Ein Flugzeug ist heute sicher gelandet», *dann* sollten wir größte Angst haben vor dem Fliegen.

«Bringt doch mal positive Nachrichten», hören und lesen wir immer wieder. Es ist die wohl häufigste Kritik an unserer Arbeit und auf den ersten Blick absolut verständlich. Ein Trend ist deshalb der sogenannte «konstruktive Journalismus», der Lösungsansätze präsentieren will, statt immer nur Probleme. Natürlich muss nicht jede Meldung ein Untergangsszenario heraufbeschwören, und natürlich dürfen auch Themen Teil einer Nachrichtensendung sein, die schmunzeln oder sogar laut lachen lassen.

Aber wer die Sache konsequent weiterdenkt, steht schnell vor einem Problem: Wenn die Nachrichten immerzu positiv klingen, gibt es in der Realität meist nur wenig zu lachen. Die DDR-Propaganda hat ihr Volk regelmäßig von der Übererfüllung des Wirtschaftsplans in Kenntnis gesetzt. Um die Wirklichkeit mit ihrer Mangelwirtschaft zu erleben, musste niemand den Fernseher einschalten.

Wenn Nachrichten das transportieren, an das man sich *nicht* gewöhnen möchte, dann sind mir schlechte Nachrichten deutlich lieber als gute.

Beim Radio in Baden-Baden war ich mal verantwortlich für ein Experiment. Immer zur halben Stunde: «SWF3 Nachrichten – positiv». Das Experiment hat keinen ganzen Monat überlebt. Das Ende kam, als der Sprecher mit sonorem Verkündigungstimbre eine erfreuliche Meldung vom Gemüsemarkt vortrug: «Nach Angaben der Statistiker sind die Kohlrabi-Preise in diesem Jahr stabil geblieben.»

Was eine gute Nachrichtensendung ist, entscheidet am Ende der Zuschauer. Die allererste Reaktion gibt es gleich im Studio: Wenn die Aufnahmeleiterin plötzlich betroffen auf den Monitor guckt und der für den Sport zuständige Moderatorenkollege neben mir am Tisch ganz leise wird, dann kann man davon ausgehen, dass dieses Thema auch die meisten Zuschauer nicht kaltlässt.

Worüber redet ihr denn am Ende der Sendung, wenn der Abspann läuft und die Moderatoren noch zu sehen sind? Das ist die meistgestellte Zuschauerfrage. Die Antwort ist weder geheimnisvoll noch überraschend, sondern ziemlich banal. Wir reden über dasselbe wie viele Zuschauer vermutlich auch: die besonders packende Reportage, das spannende Thema am Schluss. Die Kollegen beim Privatfernsehen haben für solche Beiträge den schönen Begriff «Küchenrufer» – wenn der Zuschauer das Gezeigte so interessant findet, dass er zu Hause herumruft: «Kommt mal schnell und schaut euch das an!»

Dann gehen im Studio die Scheinwerfer aus, der Roboterarm der Kamera fährt auf Stand-by. Aber noch ist nicht Feierabend. Keine Sendung ohne «Schelte». Der Name ist Programm. Vor der versammelten Crew gehen Redaktionsleiter und verantwortlicher Redakteur den Ablauf noch mal durch. Was war interessant und informativ? Was hat nicht geklappt? Wo gab es Pannen?

Das ist die erste interne Kritikrunde, der am nächsten Morgen noch zwei weitere folgen werden. Dazu kommt die Auswertung der Einschaltquote. Wir machen unsere Sendung nicht unter Quotendruck, aber wir wollen schon von möglichst vielen Menschen gesehen werden. Wer hat zugeschaut und wie lange? An welchem Punkt wurde ein- bzw. abgeschaltet? Wie war die Konkurrenz? Die Zahlen geben sekundengenau Auskunft. Den Grund für das Verhalten der Zuschauer nennen sie nicht.

Gleich auf dem Weg aus dem Studio mache ich mein Handy wieder an: Die ersten Kommentare via Twitter[*] sind schon da.

---

[*] **twitter.com/ChSievers**

Ich glaube, ich bin ein bisschen süchtig. «Wer als Journalist keine Tweets liest, verhält sich wie jemand, der keine Tageszeitungen liest und keine Nachrichtenagenturen nutzt. Ich kann mir nicht vorstellen, wie ein aktueller Journalist ohne Twitter arbeiten kann.» Das hat der ORF-Kollege Armin Wolf gesagt, und er hat recht. Twitter ist ein Journalisten-Medium. Bei Großereignissen und Breaking News ist keine andere Quelle schneller. Was dort steht, ist immer mit Vorsicht zu genießen, aber doch oft unmittelbar nah dran.

Ich finde es faszinierend, den Tweets von Reportern rund um den Globus zu folgen und dadurch einen direkten Blick auf Recherchen und Erlebnisse zu bekommen, die sonst höchstens deren Kollegen beim Bier erfahren würden. Twitter vernetzt im besten Sinne. Und führt gleichzeitig in Abgründe menschlicher Kommunikation.

«Stell dir immer ein paar Menschen hinter dem Kameraobjektiv vor» ist ein gängiger Tipp für Fernsehmoderatoren, um mit dem Einbahnstraßeneffekt des Mediums besser klarzukommen. Heute muss man sich nicht mehr viel vorstellen, die Reaktion der Zuschauer kommt in Echtzeit via Social Media. Die Fernsehleute sind viel näher gerückt an ihre Zuschauer. Wir sind erreichbarer geworden – und gleichzeitig auch immer mehr zur Zielscheibe.

Fake News

Ihre Krawatte ist eine Katastrophe. Gibt es denn niemanden im Sender, der darauf achtet, wie Sie aussehen?

Wo kann ich diese schicke Krawatte kaufen, die Sie gestern Abend anhatten?

Zwei Reaktionen von Zuschauern auf dieselbe Sendung. Und dieselbe Krawatte.

Das ist der Klassiker im täglichen Posteingang – bei Fernsehleuten überall auf der Welt. Über Geschmack lässt sich wunderbar streiten. Neu dagegen ist eine andere Form von Kritik. Sie ist viel grundsätzlicher, und kein Garderobenwechsel wird sie besänftigen. Es ist die Annahme, dass der Nachrichtenmensch im Fernsehen bewusst die Unwahrheit sagt, dass er fremdgesteuert ist als Teil einer gezielten, staatlichen Desinformationskampagne.

Von wem kriegt ihr eigentlich den Maulkorb, um dem Volk die Wahrheit vorzuenthalten?

Manche dieser wütenden Zuschauer kommentieren mit vollem Namen, häufiger allerdings bevorzugen sie die Anonymität der sozialen Netzwerke. Interessant dabei: Die übelsten Beschimpfungen kommen zu exakt vier Themen: Nahost, Trump, Russland, AfD.

Die Medien sind so versifft, dass ihr nur noch Propaganda macht.

Es gibt Tage, an denen guckt man aufs Handy und muss erst mal schlucken.

Du Drecksschwein, hör auf, für die Kanzlerin zu lügen.

Zum Glück ist das nur ein Teil dessen, was an Reaktionen via Post, Mail, Tweets und Posts ankommt, aber einer, der sich schon aufgrund der Wortwahl in den Vordergrund schiebt. Ich ertappe mich dabei, wie ich viel Zeit aufwende, um erbosten Kritikern zu antworten, während die besorgte Dame, die Halsbonbons schickte, «weil Sie so erkältet klingen», noch kein richtiges Dankeschön bekommen hat. Und der Reisebüromitarbeiter in Sri Lanka, der mit dem deutschen Fernsehen unsere Sprache lernt, muss auch noch ein paar Tage auf Antwort warten, dabei haben wir uns alle in der Redaktion so über seine Mail gefreut: «Warum ich ihnen schreibe dass ich ihnen bedanken will weil ich jeden tag was neues von deiner Nachrichten lerne, es ist so klar und sehr interessant ... Manchmal gucke ich mehr als zweimal die gleiche Nachricht um den ganzen Inhalt zu verstehen. ... Es tut mir sehr leid falls es in meiner mail grammatische Fehler gibt. Alles gute!»

Der komplette Gegensatz zum Hass per Mail sind interessanterweise die persönlichen Begegnungen, auf der Straße, im Café, im Zug. Wenn spontan jemand hallo sagt – überrascht, das Gesicht aus dem Fernseher mal ohne Krawatte zu sehen – und die Gelegenheit nutzen will, um ein bisschen zu plaudern.

Vielleicht schreibt sich «Drecksschwein» einfach leichter auf, als dass es sich sagt, wahrscheinlich schreibt man auch generell eher, wenn man sich geärgert hat. Auf jeden Fall sind die persönlichen Gespräche generell sehr nett, manchmal geradezu rührend. Das mit der Studentin, die nach Details zu einer (Jahre zurückliegenden) Reportage fragt, mit dem indischen Koch, der den «Blick in die Welt» mag, mit der Buchhändlerin, die eine Anmoderation nachdenklich machte, oder mit dem jungen Lehrer, der seiner Klasse «Medienkunde» vermitteln will.

Immer häufiger fallen bei diesen Begegnungen aber auch Sätze, die mich aufhorchen lassen: «Haben Sie herzlichen Dank für das, was Sie tun.» Und: «Lassen Sie sich in Ihrer Arbeit nicht beirren!»

Das ist einerseits natürlich sehr lieb. Andererseits sollte sich niemand dafür bedanken müssen. Ich bin ja kein selbstloser Wohltäter, ich verdiene mit dem Beruf mein Geld.

Noch viel bedenklicher: In einer idealen Welt sollten Journalisten keine Aufmunterung brauchen.

Es ist keine ideale Welt. Die Anfeindungen gegen Journalisten fallen in eine Zeit, in der die ganze Branche unter Druck steht wie selten zuvor. Schleichende Verunsicherung, tief greifende Veränderungen, fehlende Visionen – im internationalen Journalismus kommt gerade alles auf einmal. Das Internet, speziell die über Jahre gelernte und weitverbreitete Annahme, Nachrichten seien gratis zu haben, setzen Sendern und Verlagen zu. Eine breite Mehrheit der Nutzer im Netz will nicht mehr einsehen, dass ordentlicher Journalismus Geld kostet. Es ist, als hätte man im Supermarkt die Kassen abgebaut, und alle schlendern vollgepackt nach draußen, ohne zu bezahlen.

Die uralte Weissagung der Cree hat eine neue Variante: «Erst wenn die letzte Redaktion dichtgemacht hat und der letzte Reporter seine Kündigung bekam, werdet ihr merken, dass man mit Katzenvideos kein bisschen von der Welt versteht.»

Wir leben in einer Zeit, in der Nachrichten aus allen Gegenden dieser Welt so einfach und so vielfältig zu erhalten sind wie niemals zuvor.

Gleichzeitig reicht vielen das, was Facebook-Feeds und Eilmeldungs-Zweizeiler auf dem Handy bieten. Hier bleibt nur die Hoffnung, dass sich ein neuer Sinn für Qualität durchsetzt und die Einsicht, dass seriös recherchierte Nachrichten, Informationen ohne dahinter liegende Agenda, eben nicht umsonst zu haben sind.

Besonders dramatisch ist die Entwicklung in den USA. Lese- und Sehgewohnheiten ändern sich rasant, alte Geschäftsmodelle brechen weg – ohne dass neue gleichwertigen Ersatz schaffen. Die Entwicklung bei Institutionen wie der «New York Times» haben alle im Blick. Dort steigt zwar die Zahl der (Digital-)Abonnenten, aber die Werbeerlöse brechen dennoch ein. Weit beunruhigender ist die Situation abseits der großen Städte. Das Lokalzeitungssterben hat solche Dimensionen erreicht, dass in weiten Regionen kein Reporter auf den Sitzungen des Stadtrats mehr unbequeme Fragen stellt, und skandalbelastete Unternehmen erkennen, wie einfach es plötzlich ist, mit einer verharmlosenden PR-Mitteilung davonzukommen.

Allerdings: Nur wenige scheint das zu stören.

Kein Wunder also, dass Populisten und Demagogen ihre Chance wittern. Mit Attacken auf «die Medien» können sie nicht nur bei den eigenen Anhängern punkten, die ein klares Feindbild erwarten. Sie können gleichzeitig von eigenem Tun ablenken und – das ist der entscheidende Punkt – grundsätzliche Zweifel säen, an jeder künftigen Nachricht und am Wert von Fakten generell.

Donald Trump hat das perfektioniert. Dabei ist der Mann kein Feind der Medien, im Gegenteil. Er ist in vielerlei Hinsicht ihr Produkt. Sein Leben und die gesamte Karriere hat er auf der Beziehung zu Zeitungen, Magazinen und vor allem zum Fernsehen aufgebaut. Trump hat sich als sein eigener Pressesprecher («Hallo, hier ist John Miller») ausgegeben, um vorteilhafte Storys zu lancieren, er ist mit ranghohen Medienleuten befreundet, hat positive Zeitungsartikel ausschneiden lassen und sie sich dann eingerahmt. Und rühmt noch heute jede Sendung – solange sie ihn nicht kritisiert. Im Weißen Haus sollen sich die Mitarbeiter gestritten haben, wer dem Präsidenten zweimal am Tag eine ganz besondere Aktenmappe vorlegen darf: voll mit ausgedruckten, lobenden Tweets, dazu Fotos, auf denen Trump besonders vorteilhaft aussieht, und Screenshots von positiven Fernsehschlagzeilen. Eine Mappe fürs Ego.

Trumps (Kabel-)Fernsehkonsum ist legendär. Als TV-Mann freut man sich ja über jeden Zuschauer, der schwer abschalten kann, aber wenn ein US-Präsident tagein, tagaus dermaßen auf die Glotze fixiert ist, läuft einiges schief.

Seine Attacken gegen die Presse sind dabei kein Ergebnis eingehender Auseinandersetzung mit deren Fehlern oder Ausdruck abgrundtiefer Überzeugung. Sie sind ein gezieltes Mittel seiner Politik. Für ihn ist es, wie so oft, ein Deal auf Gegenseitigkeit: Er bekommt Aufmerksamkeit, die Medien Zuschauer und Leser. Darüber hinaus kommen gezielt geschürter Hass und Verachtung gegenüber traditionellen Medien bei einem Teil der Wähler einfach gut an. Exakt dieser Teil ist Trumps Machtbasis. Um seine Anhänger an sich zu binden, nimmt der Präsident billigend in Kauf, dass er das Land spaltet.

Arron Banks, der Geldgeber hinter der Brexit-Kampagne, die für Großbritanniens Ausstieg aus der EU warb, sagt es ganz offen: «Fakten machen keinen Unterschied, man muss die Leute emotional erreichen. So hatte Trump Erfolg.» Einer wie Jestin Coler sieht das genauso, er hat als professioneller Fake-News-Produzent das Internet jahrelang gezielt mit falschen Nachrichten geflutet und damit viel Geld gemacht. Sein Motto: «Direkt aufs Herz zielen oder noch besser: etwas tiefer.»

Die wirklich große Gefahr betrifft deshalb nicht nur Journalisten, sondern die gesamte Gesellschaft. Wenn der Unterschied zwischen Wahrheit und Lüge keine Rolle mehr spielt, wenn Fakten egal sind – dann ist unser Gemeinwesen, so wie wir es kennen, nicht mehr zu retten. Und Journalisten geht es dann wie einem Bäcker, der plötzlich feststellt, dass seine Kunden an einer Mehlallergie leiden.

«Noch schlimmer als *Fake News* ist die Ablehnung von *Real News*», hat Jim Acosta gesagt, der Chef-Korrespondent von CNN im Weißen Haus.

Wohin die Vertrauenskrise zwischen den Medien und einem Teil ihres Publikums führen kann und wie gefährlich sie ist, zeigt sich, wenn sogar Unwetterwarnungen angezweifelt werden. Als der Jahrhunderthurrikan «Harvey» im September 2017 auf die Küste von Texas zurast, muss der Bürgermeister von Houston seine Einwohner mehrfach bitten, die «traditionellen Medien zu verfolgen» und *nur deren* Evakuierungshinweise zu beherzigen. Er empfiehlt also eindringlich exakt die Informationsquellen, die sein Präsident sonst bei jeder Gelegenheit als Lügner diffamiert. Der Hintergrund: Die Einsatzkräfte haben im Angesicht der Naturkatastrophe gegen Unmengen falscher Vorhersagen und verantwortungsloser Gerüchte zu kämpfen, die über Facebook, Twitter und rechtspopulistische «Info»-Portale im Internet verbreitet wurden. Der Appell des Bürgermeisters klingt beinah verzweifelt: «Handeln Sie als informierte Bürger!»

Ich finde es enorm wichtig – gerade in diesen Zeiten –, die Welt nicht nur aus dem Nachrichtenstudio heraus zu betrachten. Vielleicht war ich zu lange (und zu gerne) Reporter, ich merke einfach, wie eigenes Erleben mich sicherer macht beim Schreiben der Moderationen für die Sendung. Und präziser.

Klar kann und muss ein Moderator viel lesen, schauen, hören. Die Jobbeschreibung lautet: Infos aufsaugen, wo immer es geht, sie komprimieren, in Worte fassen. Aber kein noch so gutes Dossier ersetzt das Erleben vor Ort, den Sinn für Zusammenhänge, der sich ergibt, wenn man eine Gegend erfahren hat, die Schattierungen einer Geschichte, die erst nach intensiven Gesprächen deutlich werden, mit denen, die wirklich betroffen sind. Wie sehr das gilt, habe ich in den USA erlebt, kurz vor einer Wahl, die dieses Land – und die Welt – verändert hat.

Ein schwülheißer Spätsommertag im Herbst 2016. Die Dame am Telefon war ausgesucht freundlich, natürlich könnten wir vorbeikommen bei der großen Wahlkampfkundgebung des Kandidaten. «Ich lege Ihnen zwei Pressepässe bereit.»

Bald darauf stehen ein ZDF-Kollege und ich in einer gesichtslosen Messehalle im Süden Floridas. Mit einer Reihe von Metallgittern ist ein Rechteck in der Mitte abgesperrt, es wirkt wie ein Käfig. Innen warten bereits Dutzende Kamerateams der US-Sender und schauen sich verunsichert um. Von den Tribünen ringsherum kommen die ersten Rufe: «Lügenpack, wir kriegen euch.» So muss sich ein Schiedsrichter im Fußballstadion fühlen, dem die Fankurve mitteilt: Wir wissen, wo dein Auto steht.

Der Kandidat hat noch kein einziges Wort gesagt, da ist bereits klar: Donald J. Trump und die Medien – das wird eine ganz spezielle Geschichte.

Die Halle ist gut gefüllt, aus der gesamten Umgebung sind die Menschen gekommen. Draußen vor der Tür verkaufen Souvenirhändler «Make America Great Again»-Kappen für 20 Dollar das Stück. Made in Bangladesch.

Wir machen ein paar Interviews. Und egal, wen wir fragen, es fällt auf: Alle Einwände prallen ab. Trumps Frauenbild? «Er ist kein perfekter Mann, aber er wird ein perfekter Präsident sein.» Trumps Unwahrheiten im Wahlkampf? «Er wird uns unser Land zurückgeben, und das ist alles, was zählt.» Wir entdecken in der Menge zwei ziemlich einsame Unterstützerinnen der Gegenkandidatin Hillary Clinton, die gerade den schönen Satz sagen: «Wenn du jemandem den Mund verbietest, wird das deinem Anliegen nicht weiterhelfen.» Sofort brüllt eine ältere Dame im pinkfarbenen Kostüm dazwischen: «Hört auf, die zu filmen, und haut ab! Ihr seid doch alle von Clinton gekauft.»

Ich habe noch keinen Wahlkampftermin erlebt wie diesen, eine merkwürdige Mischung aus Volksfest und Politshow, aufgestauter Wut und dem Wunsch nach Unterhaltung.

Die Rede des Kandidaten jagt dann selbst vielen Fans einen Schauer über den Rücken. Dunkel, dämonisch, gespickt mit lauter düsteren Andeutungen. Trump spricht vom «Kampf ums Überleben unserer Nation», von einem «ausgebluteten Land». Ein Endzeit-Szenario.

Und er präsentiert die «Schuldigen» dafür. Die Halle beginnt zu toben. «Ihr bekommt keine Nachrichten, ihr bekommt die Wahrheit vorenthalten. Ihr könnt den Medien nicht länger trauen.»

Das ist der Moment, in dem sich der Reporter einer lokalen US-Fernsehstation zu mir hinüberbeugt und leise sagt: «Er macht mir Angst.» Die Kollegen von CNN greift Trump mehrfach direkt und ganz persönlich an, mit ausgestrecktem Zeigefinger ruft er ihre Namen. Am Ende bekommen sie Polizeischutz. Der Secret Service hat offenbar Sorge, das Publikum könnte sich an ihnen vergreifen. Der CNN-Kameramann verlässt die Halle mit dem Stativ auf der Schulter durch ein Polizeispalier, die Reporterin hastet hinterher. Ein braun gebrannter, bärtiger Mann mit Baseballkappe brüllt ihnen nach: «Schert euch zum Teufel!»

Zwei Monate vor der Präsidentschaftswahl finden wir auf einer Reportagetour durch drei entscheidende Bundesstaaten kaum einen Wähler, der öffentlich für Clinton brennen würde. Dafür überall Trump-Fans. Der kleine Donovan bleibt mir im Gedächtnis, gerade mal zehn Jahre alt, mit seinen Eltern unterwegs auf der «North Carolina State Fair», einer gigantischen Mischung aus Agrarmesse und Rummelplatz. Er stellt sich auf die Zehenspitzen und sagt in unser Mikrofon Sätze wie gedruckt: «Donald Trump ist nicht unbedingt ein guter Mensch, aber ein guter Geschäftsmann. Hillary Clinton ist weder das eine noch das andere.»

In einer Kleinstadt in Ohio, wo sie einst stolz die ersten Gaslaternen der USA hatten, erleben wir Verzweiflung live. Die hier früher alles beherrschende Keramikindustrie hat abgewirtschaftet, East Liverpool hat zwei Drittel seiner Einwohner verloren. Die Hauptstraße bietet heute kaum mehr als «Zu vermieten»-Schilder in staubigen Schaufenstern. «Diese Stadt stirbt nicht», sagen uns die Leute, «sie ist längst tot.»

Beim Trödler leben sie von der Erinnerung. Fünf Theater gab

Jedes Jahr im Herbst auf einem gigantischen **Festgelände in Raleigh, NC**. Mit Wettkampf der PS-stärksten Pick-up-Trucks und einer Wurst auf Rädern. Amerikanischer geht es nicht.

es hier mal, jetzt bleiben Depression und Drogen. Janice Andrason steht in ihrem kleinen Gebrauchtwarenladen■ und sagt einen Satz, den wir noch häufiger hören werden: «Trump ist Geschäftsmann, er hat kein Geld mehr nötig.» Deshalb wird die freundliche grauhaarige Dame, die zeitlebens immer nur Kandidaten der Demokraten gewählt hat, für ihn stimmen: «Schaden kann das nicht, denn schlimmer kann es ja nicht werden.»

In der ganzen Gegend begegnet uns gerade mal ein einziges Clinton-Schild, und darauf steht: «Hillary lügt!»

Wir sind selbst überrascht, aber ein Anruf genügt, und die örtliche Polizei ist sofort bereit, uns mitzunehmen auf nächtliche Streife. Heruntergekommene Wohnviertel, Drogentote – die Cops wollen nicht über Politik reden und tun es dann allesamt doch. Auch sie werden für Trump stimmen, der einzige schwarze Streifenpolizist hier hat beim letzen Mal Obama gewählt, jetzt Trump.

Zwei Reporter aus Deutschland und viele hundert Meilen mit dem Mietwagen durch ein Land im Wahlkampf – die ganze Zeit über haben wir das Gefühl, hinter der nächsten Kurve des Highways, auf der anderen Seite des Flusses, warten noch so viele spannende Gesprächspartner. Aber der Tag hat eben nur 24 Stunden, und die Distanzen in Amerika unterschätze ich jedes Mal. Wir bekommen nicht viel Schlaf, aber es hat sich gelohnt: Am Ende sind uns die Umfragen, die allesamt Clinton vorne sehen, plötzlich suspekt. Wir können uns durchaus vorstellen, dass es dieser wütende Geschäftsmann mit seinen Presseattacken schafft. Bis ins Weiße Haus.

■ **Jayes Antiques**, 417 Washington Street, East Liverpool, OH. Wer sich die längst vergangene Zeit der Keramikwaren nach Hause holen will, die diese Gegend mal berühmt gemacht haben, ist hier richtig.

Lüge und Wahrheit

Sechs Uhr morgens, in 1600 Pennsylvania Avenue brennt schon Licht. Donald Trump ist Frühaufsteher. Und treuer Zuschauer des Frühstücksfernsehens. Die Moderatoren der «Fox News»-Morgensendung wollen es genau wissen: «Mr. President, wenn Sie uns zuschauen, dann blinken Sie doch mal mit der Schlafzimmerlampe …» Die Kamera zeigt ein Live-Bild des Weißen Hauses. Nichts passiert. Auf die Idee, der Präsident könnte – ausnahmsweise – nicht zuschauen oder vielleicht keine Lust auf den Spaß mit den Lampen haben, kommen die Moderatoren nicht. «Wahrscheinlich braucht er noch ein bisschen Zeit, um den nächsten Lichtschalter zu erreichen.» Und siehe da: Hinter einem Fenster im ersten Stock ganz rechts beginnt es jetzt zu blinken.

Großer Jubel im Studio. Im Nachhinein gibt die Redaktion allerdings zu, das Blinklicht gefakt zu haben. Ein simpler Video-Effekt. Die Episode zeigt, wie sehr die «Fox News»-Frühsendung auf ihren wichtigsten Zuschauer zugeschnitten ist. Sie zeigt auch, wie viele unterschiedliche Realitäten es im US-Fernsehen mittlerweile gibt.

Egal, welches Problem, bei «Fox News» finden sie einen Weg, dafür Trumps politische Gegner verantwortlich zu machen und die traditionelle Presse, abfällig «Mainstream Media» genannt – sprich, die «Fox»-Konkurrenz. Die Moderatoren geben dem Präsidenten konkrete Ratschläge, wie er mit einer bestimmten Situation umgehen soll, und drücken ihm dann die Daumen, dass es klappt. Trump bedankt sich umgehend via Twitter. Eine surreale Situation in einer pluralistischen Demokratie: Fernsehgesichter begleiten ihren Präsidenten durch den Tag und hoffen, dass er für sie mal mit der Lampe blinkt. Mit dem Versuch, die Welt möglichst realitätsnah abzubilden, hat das nichts mehr zu tun.

«Fox News» ist Donald Trumps absoluter Lieblingssender. Wenn die Redaktion dort frühmorgens eine nachweislich falsche Nachricht verbreitet, welche der zuschauende Präsident kurz darauf seinem Millionenpublikum via Twitter weiterleitet, worauf wiederum «Fox News» meldet, der Präsident habe die – nach wie vor falsche – Nachricht soeben kommentiert: Wie geht man damit um? Jede Erwähnung der Reaktion des Präsidenten gibt der Falschmeldung mehr Raum. Ein Teufelskreis.

Trumps Leute operieren gezielt und sehr selbstbewusst mit Halb- und Unwahrheiten, sie haben das zum Standard ihrer politischen Taktik gemacht. Das Säen von Zweifeln an der Berichterstattung, die Attacke auf Medien und Reporter, die solche Unwahrheiten entlarven, gehören dann beinahe zwingend dazu. Ein «Lügenpresse»-Vorwurf, der selbst aus einer Lüge besteht. Und er erwischt die allermeisten Redaktionen unvorbereitet. Mit so etwas muss man erst mal umzugehen lernen.

Ein Beispiel: Der Sprecher des Präsidenten behauptet gleich in der ersten Pressekonferenz, sein Chef habe bei der Amtseinführung die größte Zahl an Zuschauern gehabt, «die es je gab. Punkt.» Die Behauptung ist falsch, aber sie findet sich in der Berichterstattung dennoch millionenfach verbreitet wieder, schließlich war es der offizielle Sprecher des Weißen Hauses, der sie in die Welt setzte.

Interessant ist der Vergleich von zwei Twitter-Schlagzeilen zu dem Thema, beide vom selben Tag.

«Süddeutsche Zeitung»: *US-Präsident Trump und sein Sprecher beschuldigen Medien, über die Zahl der Besucher bei seiner Vereidigung zu lügen.*

CNN: *Der Pressesprecher des Präsidenten attackiert die Medien dafür, dass sie korrekt über die Zahl der Besucher bei seiner Amtseinführung berichten.*

Die Kollegen von CNN sind da einen Schritt weiter, sie haben die Gefahr erkannt, die im bloßen Wiederholen von falschen Behauptungen liegt. Und sie haben versucht, ihr zu entgehen.

Es gibt viele weitere Beispiele, auch aus Deutschland. Manche «Berichte» in sozialen Medien über massenhafte Vergewaltigungen durch Flüchtlinge im Freibad etwa. Mehrfach recherchiert und als falsch entlarvt. Aber muss eine Nachrichtensendung diese Lügen vielleicht dennoch aufgreifen und versuchen, den kursierenden Gerüchten so die Basis zu nehmen? Oder führt allein die Erwähnung eines solchen Gerüchts in einem anerkannten Informationsprogramm dazu, dass von der falschen Information am Ende doch etwas hängen bleibt?

Die Zeiten, in denen «heute»-Sendung und «Tagesschau» entscheidenden Einfluss darauf hatten, worüber die Deutschen informiert waren, sind lange vorbei. Diesen Zeiten muss auch niemand unbedingt nachweinen. Aber wir sind ja schon viel weiter: Es ist längst nicht mehr selbstverständlich, dass unsere Informationen überhaupt noch von dafür ausgebildeten Experten stammen: Reporter, die berichten, Redakteure, die gegenchecken, knallharte Konkurrenz, die nur darauf wartet, die bessere Geschichte zu liefern oder einen Fehler aufzudecken.

Kein Mensch würde eine komplizierte Operation von jemandem machen lassen, der sich via Twitter als «bekannter Arzt» anpreist. Die Wahl der Autowerkstatt ist meist Ergebnis eines eingehenden Vergleichs. Beim Metzger will man den Herkunftsnachweis seiner Wurst.

Wo genau aber die Informationen herkommen, die große Teile unseres Lebens bestimmen, Emotionen auslösen und weitreichende Entscheidungen – die uns überhaupt erst zum mündigen Bürger und Wähler machen –, das ist vielen offenbar weit weniger wichtig.

Redakteure, die Informationen auswählen, werden in der digitalen Welt ersetzt durch «Freunde», deren Mitteilungsbedürfnis nur durch die Social-Media-Konzerne sortiert wird. Ob eine dieser

Informationen stimmt, ist unerheblich. Hauptsache, sie wird möglichst oft geklickt. Im Netz gilt: Eine Nachricht, die nicht geteilt wird, ist keine Nachricht.

Die Presse hat ihre Rolle als «Gatekeeper» verloren. Nie gab es mehr Infos auf mehr Kanälen. Nie gab es mehr Lügen.

Für eine Nachrichtensendung mit Tradition und Ruf führt das zu neuen, zunächst beinah absurd anmutenden Fragen: Müssen wir jetzt nicht nur über Dinge berichten, die passiert sind, sondern auch klarmachen, dass Dinge *nicht* passiert sind, obwohl überall im Internet Berichte darüber kursieren? Wann und wie müssen wir neben Nachrichten auch Dementis liefern? Beziehungsweise: Sollten wir das überhaupt tun?

Wir haben in der Redaktion viel darüber diskutiert. Und sind noch lange nicht fertig. Wir haben keine allgemeingültige Regel, aber neue Sensibilität, diese Themen ganz besonders exakt zu bewerten und ganz besonders sorgfältig zu behandeln.

Gleichzeitig aber kann die Faktenlage nicht plötzlich zum Objekt einer Grundsatzdiskussion werden. Auch (und gerade) wenn ein Präsident lügt, dann ist das keine Frage der Sichtweise oder des politischen Standpunkts.

«Es wird überlebenswichtig sein für die Demokratie, eine Lüge wieder eine Lüge zu nennen», hat die Kollegin Evelyn Roll in der «Süddeutschen Zeitung» geschrieben. «Wenn jemand behauptet, die Erde ist eine Scheibe, darf die Schlagzeile eben nicht sein: ‹Streit über die Form der Erde›.» Evelyn Roll stellt klar: «Ein Politiker, der lügt oder Falsches behauptet, ist kein Populist. Er ist ein Lügner.»

Was aber, wenn wachsende Teile des Publikums solche Tatsachen nicht mehr glauben? Oder schlimmer: Wenn sie ihnen egal sind?

Nach der Wahl in den USA war ich noch einmal bei exakt denselben Menschen, die wir davor interviewt hatten, um nachzufragen: Was hat sich getan?

Wir sind wieder in Ohios Kohleregion, wo sie alle Hoffnung darauf gesetzt hatten, dass es «mit Trump besser wird». Wir treffen Menschen, die sich überzeugt geben, allein Trumps «Persönlichkeit» habe bereits Arbeitsplätze geschaffen. Sie stehen neben Kohlegruben, die seit Ewigkeiten geschlossen sind, und sagen: «Gebt ihm ein paar Jahre, und all die alten Jobs werden zurückkommen.»

Die Fakten: Seit 1970 hat sich die Zahl der Kohlejobs in den USA fast halbiert. Diese Arbeitsplätze wurden Opfer von besserer Technologie und stärkerer Konkurrenz. Mit Trumps Vorgänger Barack Obama und dessen Umweltauflagen hatte all das zunächst nichts zu tun. Wenn dank Trump jetzt einige alte Kohlekraftwerke länger am Netz bleiben, wird das nichts an der Tatsache ändern, dass die USA einen immer geringeren Teil ihrer Energie aus Kohle beziehen.

Ich bin überzeugt, auch den meisten Menschen in den sanft-grünen Hügeln von Ohio, unter denen die ganze Kohle ruht, ist das bewusst. Vielleicht auch nur *unter*bewusst. Manchmal ist der Glaube an die Lüge (wie die Lüge selbst) schlicht der Weg des geringsten Widerstands. Man klammert sich in einer schwierigen Situation eben an jeden Strohhalm. Verständlich.

Einer, der diesen Strohhalm hinhält und der besser als jeder andere wissen sollte, dass er den Menschen hier keine nachhaltige Kohle-Renaissance versprechen kann, ist Robert Murray. Er kommt mit dem Helikopter zum Interview in das überraschend bescheidene «Headquarter» seiner Firma in Ohio. Murray ist der wohl wichtigste «Kohle-Baron» der USA und ziemlich sicher der reichste. Ein Selfmade-Mann, der selbst mal Minenarbeiter war und jetzt die Gänge in der Chefetage mit Fotos seiner Fernsehauftritte zugehängt hat. Das gibt es tatsächlich häufiger: einen Milliardär, der TV-Interviews sammelt. Auch die mit einem Sender aus Deutschland, dessen Namen er kaum aussprechen kann.

Murray hält den Klimawandel – ich nehme mal an, schon aus geschäftlichen Gründen – für eine Erfindung. Das hat er mit seinem Präsidenten gemein, dessen Wahlkampf er mit viel Geld unterstützt hat. Auch Murray kann leidenschaftlich gegen Wissenschaftler wettern, die die Erderwärmung belegen, die Warnungen des Papstes zu dem Thema hält er für Quatsch: «The Pope is wrong!» Amerikas Kohle-König nimmt sich eine Menge Zeit für uns. Ich will mich nicht beschweren, schließlich bekommt man nicht jeden Tag einen direkten Einblick in die Weltsicht eines Tycoons. Aber verwundert ist man schon, wenn der viel beschäftigte Chef von 6000 Angestellten nach einem langen Gespräch im Konferenzzimmer noch in sein Büro hinüber bittet, wo er eine üppige Sammlung von Kampfflugzeug-Modellen aus dem Zweiten Weltkrieg präsentieren will – und dann fragt, ob man mit zum Essen in den lokalen Country Club kommt. Der Mann hat ein ziemlich großes Ego. Auch das hat er mit Donald Trump gemein.

Am nächsten Tag gehen wir auf Zeitreise. Rrrrrrrmmmmmm. Scheppernd fährt das Hochregal in seine Position. Er riecht nach Druckerschwärze und modrigem Papier. Ich korrigiere: Es riecht nicht, es duftet. Zurückkatapultiert in eine Ära ohne Computer und Datenbanken. Wir sind im historischen Archiv der «Palm Beach Post», der wichtigsten Zeitung in diesem Ort an Floridas Ostküste, in dem der Präsident seinen Ferienclub[*] für Superreiche zum «südlichen Weißen Haus» gemacht hat. Seit vielen Jahrzehnten

---

[*] **«Mar-a-Lago»**, 1100 South Ocean Blvd. Palm Beach, FL. Von der Straße aus kann man ganz gut in die Auffahrt und auf die Fassade gucken, alles weitere kostet 200 000 Dollar Aufnahmegebühr.

berichtet die «Palm Beach Post» schon über Trump, die langen Stahlregale kommen mir vor wie eine Schatztruhe. Beim Buchstaben «T» finden sich ganze Reihen beigefarbener Pappordner, randvoll mit Zeitungsartikeln und Fotos. Lauter pikante Geschichten, penibel archiviert. Der Immobilienmogul Trump, früher eher belächelt, aber immer für eine Story gut. Die Schlagzeile 1985: «Trump – der Mann bekommt, was er will».

Frank Cerabino lacht, als er den vergilbten Artikel herauszieht: «Manche Dinge ändern sich nie.» Auch Trump habe sich nicht verändert, sagt der Journalist, der den Präsidenten seit 25 Jahren kennt: «Trump liebt die Medien, er kann nicht ohne sie. Auch wenn er öffentlich über sie herzieht.»

Cerabino ist eine Institution in Palm Beach, seine Kolumnen sind ein Markenzeichen der Zeitung. Einen wie ihn kann der Präsident, den alle hier «The Donald» nennen, nicht mehr überraschen.

Einmal war Cerabino zu Gast beim Dinner in Trumps Club am Meer, da setzt sich «The Donald» fürs Dessert spontan dazu: «Er ist sehr leutselig, er kann hervorragend den ganzen Tisch unterhalten – wie ein typischer Gebrauchtwagenhändler.» Nur als Präsident sei er halt eine Fehlbesetzung. Genüsslich erzählt Cerabino Anekdoten wie diese: Vor Jahren habe Trump mal vom lokalen Sheriff gefordert, er möge bitte das Gefängnis abreißen. Der Sheriff traut seinen Ohren nicht. Doch Trump meint es ernst: Das Gefängnis müsse weg. Der Blick auf die hässliche Fassade störe die Mitglieder seines Golfclubs■ nebenan, und die hätten ihm immerhin 30 000 Dollar gezahlt.»

Cerabino hat sich in der Zeitung darüber lustig gemacht. Eine Einladung in Trumps Club hat er seitdem nie wieder bekommen.

■ **Trump International Golf Club**, 3505 Summit Blvd. West Palm Beach, FL. Nichtmitglieder müssen draußen bleiben. Das Gefängnisgebäude hinter dem Clubgelände ist da vergleichsweise gut zugänglich.

Das Gefängnis aber steht immer noch. Man kann das Verhältnis von Donald Trump und der Presse auch anders sehen: als das Beste, was politischem Journalismus seit langem passiert ist. Wenn der US-Präsident eine Pressekonferenz mit der Gelegenheit verwechselt, die Presse zu beschimpfen, wenn seine Berater offen anregen, am besten wäre es, die Journalisten aus dem Presseflügel des Weißen Hauses rauszuwerfen oder manche Zeitungen und Fernsehsender gleich ganz dichtzumachen, dann ist es höchste Zeit, eingespielte Routinen zu überdenken. Wie viel Wert die offiziellen Presse-Statements haben, ist schon länger fraglich. Wenn einer wie Trump zu seinen Auftritten vor Journalisten immer gleich einen ganzen Stab eigener Mitarbeiter mitbringt, die wie Cheerleader an der Seitenlinie jeden markigen Satz ihres Chefs beklatschen, dann grenzt das ans Absurde. Der Washingtoner Journalist Jack Shafer schreibt: «Trumps Amtseinführung war ein Tag der Befreiung für die Presse, die Nachrichten viel stärker außerhalb der üblichen Politzirkel zu suchen. Vergessen wir den Presseraum im Weißen Haus. Begeben wir uns hinter die gegnerischen Linien.»

Die politischen Widersacher des Präsidenten, die Enttäuschten in der Verwaltung, die geschäftlichen Verflechtungen von Trump in aller Welt, Unmengen von Daten in einer digitalisierten Welt – alles Ansatzpunkte für guten Journalismus. Und dann gibt es noch die alte Reporter-Regel: rausgehen! Weg von den Zentren der Macht, hin zu den Zentren des Lebens. Der Ratschlag von Jill Abramson, der ehemaligen «New York Times»-Chefredakteurin, an alle jungen Journalisten: «Bleibt nicht an euren Bildschirmen hängen, um dort Inhalte herauszukratzen und zu recyceln.» Journalisten sollten aufhören, zu Pressekonferenzen zu pilgern, sondern stattdessen ins Land rausgehen, zuhören und offen sein, bevor sie sich eine Meinung bilden. «Wenn du auf Reportage gehst ohne die Bereitschaft, dich überraschen zu lassen: Vergiss es!»

1989, im Jahr der friedlichen Revolution in der DDR, gibt es auf den Demonstrationszügen regelmäßig einen ungewöhnlichen Fixpunkt: ein Auto in der Menge. Um den weißen Wagen haben sich viele Dutzend Menschen versammelt, sie protestieren hier nicht, sie fragen, sind süchtig nach Informationen und haben Hinweise und Anliegen, denen jemand nachgehen soll. Das Auto hat ein West-Kennzeichen mit der Buchstabenkombination MZ-MZ. So wie alle Teamfahrzeuge des ZDF.

Ich war damals gerade mit der Schule fertig und wollte mit meiner Freundin eine der legendären Montagsdemonstrationen selbst erleben, also sind wir losgefahren. Aus West-Berlin war die Reise nach Dresden damals noch ein ziemlicher Aufwand, aber er hat sich gelohnt. Neben dem Mut und der Entschlossenheit der protestierenden Bürger hat mich die Rolle dieses Reporters im ZDF-Wagen schwer beeindruckt. Für die Dresdner auf der Straße war er nicht einfach Berichterstatter beim Westfernsehen, sondern viel mehr: eine Vertrauensperson.

Den Sender, für den der Mann damals in der DDR unterwegs war, gibt es immer noch. Seine Struktur und sein Auftrag haben sich nicht wesentlich geändert, das Vertrauen, das ihm speziell in den östlichen Bundesländern geschenkt wird, dagegen schon. Wenn heute in Dresden Pegida demonstriert, brauchen öffentlichrechtliche Kamerateams einen Sicherheitsdienst.

Mit Angriffen auf Reporter kann man Beifall heischen in diesen Zeiten, es gibt einen Teil der Gesellschaft, der da kräftig applaudiert. Je stärker diese Angriffe werden, desto klarer realisieren viele andere aber auch (wieder!), was sie an einer freien Presse haben. Die «scheiternde New York Times» (Trump) verkauft mehr digitale Abonnements denn je. Die «Washington Post» wirbt neben ihrem Logo explizit mit dem Satz «Demokratie stirbt im Dunkeln». Die Nachrichtensendungen von ARD und ZDF steigern gerade ihre Zuschauerzahlen. Das öffentlich-rechtliche Fernsehen in Deutschland kommt zusammen genommen auf einen Marktanteil von 46,1 %, (2016) und ist damit im europaweiten Vergleich am erfolgreichsten.

Jack Shafer hat einen Satz geschrieben, der auch außerhalb Amerikas gilt: «Mit Trump ist nicht der Winter angebrochen, sondern der journalistische Frühling.»

Terror

Einmal im Leben habe ich First Class gebucht. Und konnte deshalb im Monat darauf die Miete nicht mehr zahlen. Es war der Versuch, in die USA zu kommen, irgendwie, aber halt nicht irgendwann, sondern jetzt. Sofort. Die Dame am Flughafenschalter lächelt nur milde: «Alle Verbindungen auf den amerikanischen Kontinent sind gestoppt, die besten Chancen mitzukommen, sobald wieder etwas fliegt, haben Sie mit einem Erste-Klasse-Ticket.»

Es ist der 11. September 2001.

Das Ticket habe ich nie benutzt, irgendwann hat die Airline auch das Geld zurückerstattet – aber das ist nur eine winzige Fußnote in dieser Geschichte. Sie beginnt vor dem Fernseher in den Redaktionsbüros des ZDF-«Morgenmagazins» in Berlin. Einer dieser Momente, an die man sich ewig erinnern wird. Jeder weiß noch genau, wo er war, was er tat, an diesem Tag, als die Nachricht kam. Ich blickte hoch in Richtung Fernsehgerät, das aus irgendeinem Grund ganz oben auf dem Büroschrank stand. Ich wollte nicht hingucken und konnte nicht wegsehen.

Ein Flugzeug war ins World Trade Center geflogen. Ein schrecklicher Unglücksfall? Dann steuert ein weiteres Flugzeug in den zweiten Turm. Ein Terroranschlag! Einer, wie ihn die Welt noch nie erlebt hat.

Die Themenkonferenz für die kommende Woche im «Morgenmagazin» verläuft ziemlich chaotisch. Ein Kollege versucht sich an einen Rest von Normalität zu klammern: «Leute, die Bilder aus New York sind furchtbar, aber wir haben immer noch kein Servicethema für den kommenden Donnerstag.» An so etwas wie Planung ist aber längst nicht mehr zu denken. Alle im Sender haben Mühe, überhaupt zu begreifen, was geschehen ist. Und wenn ich ehrlich bin: Wirklich begriffen habe ich es bis heute nicht. Nur eins ist klar:

Der Korrespondent in New York braucht dringend Verstärkung. Wir müssen in die USA. Und kommen nur bis Frankfurt.

Einen kompletten Tag und eine halbe Nacht verbringen eine Kollegin und ich unter der großen Anzeigetafel im Terminal 1 des Rhein-Main-Flughafens. Irgendwann kennen wir fast jede Airline-Mitarbeiterin an den Ticketschaltern mit Namen. Aber wir haben keinen Flug. Dann mischen sich die Buchstaben der Abfluganzeige wieder einmal neu durch – und ganz oben erscheint ein Ziel, das es vorher nicht gegeben hatte: JFK. «Delta Airlines» nach New York. Eine Sondermaschine zum Sondertarif, die in Deutschland gestrandete Passagiere nach Hause bringen soll. One Way. Sie haben noch freie Plätze. Es wird der preisgünstigste Flug, den ich jemals in Richtung USA genommen habe, und der aufreibendste.

An Bord wird kaum gesprochen. Alle gucken still vor sich hin, in Gedanken bei dem, was passiert ist. Und voller Fragen, was uns nach der Landung erwarten wird. Dann kommt die sonore Stimme des Flugkapitäns über die Lautsprecher: «Ladies and Gentlemen, der Luftraum über New York ist wieder gesperrt, wir werden umgeleitet nach Cincinnati.» Hektisches Blättern im Bordmagazin, irgendwo muss doch eine Landkarte sein. Wo genau liegt noch mal Cincinnati?

Wir mieten ein Auto und fahren einmal quer durch die Osthälfte der USA, von Ohio in Richtung Küste. Als wir die Skyline von Manhattan am Horizont sehen, wieder ein Moment, der sich einbrennt: über der Südspitze steht eine große, gelbliche Rauchwolke. Und die markanten Zwillingstürme sind nicht mehr da.

New York ist wie erstarrt, der Verkehr plötzlich kein Problem, in Rekordzeit durchqueren wir Manhattan, können direkt vor unserem Hotel parken, und laufen los, in Richtung Ground Zero.

Im Rückblick bleibt die Erinnerung an weißen Staub, der sich über absolut alles gelegt hat. Über die Bürgersteige und die Tresen im Schnellimbiss, über Autos, Fenster und auf die Gesichter der Feuerwehrleute, die uns in einer abgesperrten Avenue zu Fuß entgegenkommen, zurück aus dem grauenhaftesten Einsatz ihres Lebens. Ich habe niemals zuvor und danach nie wieder so viele erwachsene Männer gesehen, die so hemmungslos geweint haben. Wo mal die Twin Towers standen, versperrt ein monströser schwarzer Block die Straße, ein Gewirr aus gekrümmtem Stahl, Betonmassen und Unmengen von Schutt. Was dort vor sich geht, kann und will man sich nicht vorstellen. Die Retter nennen den Ort «das Ende der Welt». «Wenn Sie da drin arbeiten, werden Sie unglaublich wütend», sagt ein Feuerwehrmann aus Minnesota, «das Grauen dort ist viel, viel größer, als man es auf den Fernsehbildern sieht.»

Dann muss er zur Seite treten, weil wieder eine Eskorte mit Blaulicht passieren will, ein Rettungswagen, zwei Polizeimotorräder: letzte Ehre für ein weiteres geborgenes Opfer. Die Sonntagsausgabe der «New York Times» druckt auf einer Doppelseite 343 Porträts von Feuerwehrmännern, für jeden in diesem Einsatz getöteten eines. Die Feuerwehr erlaubt nicht, dass wir auf einer Wache filmen, aber als wir in unser Hotel zurückkommen von einem langen Tag in den Straßen rund um Ground Zero, brennt es im Haus gegenüber. *Ladder 16* steht wild blinkend auf der Straße, ein Routine-Einsatz, obwohl man den Männer mit Helm ansieht, dass für sie nichts mehr Routine ist in diesen Tagen. Sie erzählen uns von kompletten Löschzügen, die unter den Trümmern der eingestürzten Wolkenkratzer begraben liegen. In der Garage steht jetzt die Reserve. Ausrüstung kann man ersetzen. Manche Feuerwachen haben die gesamte Frühschicht verloren, jeder Einzelne von ihnen viele Freunde und Kollegen. An die Türen des roten Leiterwagens haben Passanten Blumen gebunden. «Diese Jungs sind immer die Ersten vor Ort, sie gehen rein, wenn alle fliehen», sagt ein Herr, der zufällig vorbeigekommen ist, «aber diesmal hatten sie keine Chance. Sie sind wahre Helden.»

Am nächsten Tag begleiten wir eine Gruppe Kollegen in einem Kleinbus ins Büro. Was wirkt wie ein Ausflug ins Grüne, sind Amerikas Top-Finanzjournalisten auf dem Weg zur Arbeit. 80 Kilometer entfernt von Manhattan, drei Stunden Pendelei. Dabei war das «Wall Street Journal» immer mittendrin. Bis zum 11. September, dem Tag, an dem der Auslandschef der Zeitung zum Katastrophenreporter wurde. «Ich gucke aufs World Trade Center, die oberen Stockwerke brennen», berichtet John Bussey einem Fernsehsender live via Telefon aus seinem Büro im Gebäude nebenan, «gerade hat es wieder eine Explosion gegeben.»

Eine knappe Woche danach blinzelt Bussey aus seinem Notquartier in die strahlende Sonne, Krawatte ordentlich gebunden, frisch gebügeltes Hemd. Ich kann nur ahnen, was in dem Kollegen vorgeht. «Man konnte dabei zusehen», sagt er, «wie die Menschen sich entschieden, aus dem Fenster zu springen, aus dem 85., 90. Stock. Drei, vier Sekunden lang fielen sie nach unten in Richtung Bürgersteig ... bis sie aufprallten.»

Zu diesem Zeitpunkt ist auch Bussey selbst in Gefahr, sein Büro mit Rauch gefüllt, die Scheiben geborsten. Er sieht nichts mehr, versucht, nach draußen zu robben. Dann stürzt der zweite Turm ein. Bussey denkt: Das war es! «Ein Feuerwehrmann hat nach oben geguckt und gesehen, dass der Turm auf uns zukommt, er rief: ‹Renn, renn!› – aber wohin rennt man, wenn ein 110-stöckiges Gebäude einstürzt?»

One journey through chaos, falling bodies and heroism – ist die Schlagzeile über Busseys Artikel, der später mit dem Pulitzerpreis ausgezeichnet wird. Der journalistische Augenzeuge hat alles in seiner Zeitung beschrieben, er rettet sich in Arbeit, bloß keine Zeit haben zum Nachdenken. Alle hier machen das so, in Notbüros, die vor kurzem noch Lagerräume waren. Wände einreißen, Tische und Stühle reinschleppen, schnell 500 Computer besorgen und 700 Telefone: «Wir haben unser Hauptquartier verloren, unser Herz», sagen die «Wall Street Journal»-Leute, «wir mussten eine Transplantation machen, ohne Betäubung und ganz schnell.» Sie sind stolz darauf, dass ihre Zeitung jeden einzelnen Tag erschienen ist, selbst direkt nach der Katastrophe. Um Amerika zu zeigen: Wir sind noch da, und wir werden es schaffen. Auch wenn damals keiner wusste, wann die Zeitung wieder zurückkann an den Ort, den sie im Namen trägt.

In den Tagen nach dem Anschlag erlebe ich eine gelähmte Stadt. Und dann ändert sich plötzlich etwas. Die Bars sind über Nacht wieder voll. Überall stehen Menschen mit Gläsern auf der Straße. Niemandem ist nach Feiern zumute, aber alle wollen zeigen: Es gibt uns noch. Die Israelis haben dazu einen wunderbar passenden Trinkspruch: «L'chaim» – «Auf das Leben!»

Ohne dass wir besonders darüber nachgedacht hätten, konzentrieren sich unsere Berichte auf trauernde Menschen, auf Überlebende, die mit ihrem Schicksal hadern, und Opfer, deren verzweifelte Versuche, dem Inferno zu entkommen, keine Chance hatten. Es geschieht einfach so, weil man diesen Geschichten in New York kurz nach 9/11 nicht entgehen kann.

Wie viele Menschen im Nahen Osten auch haben Amerikaner generell ein anderes Verhältnis zum Fernsehen als wir in Deutschland. Ein Reporter mit Kamera ist kein grundsätzlich suspektes Wesen, dem man besser aus dem Weg geht, sondern zunächst mal die Einladung, seine Meinung sagen zu können und von eigenen Erlebnissen zu berichten.

Der Union Square im Süden von Manhattan wird zum Treffpunkt aller, die auf der Suche nach vermissten Angehörigen sind und auf der Suche nach Trost. Sie haben Bilder in die Bäume gehängt, Hunderte, Tausende. Auf einem ist ein rothaariges Mädchen zu sehen, vielleicht zwei Jahre alt. Neben ihr und einem roten Plastikauto kniet ein glücklich lächelnder Mann im Ringel-T-Shirt. Unter dem Foto steht: «Hat jemand meinen Papi gesehen?»

Mit der Zeit erscheinen zu den Fotos immer mehr Geschichten. Witzige, tragische, zum Heulen sind sie alle. Die Menschen hier wollen, dass ihre Erinnerungen die Welt erreichen, sie wollen das Andenken wachhalten, klarmachen, welchen unfassbaren Verlust sie erlitten haben. Wir treffen viele, die unbedingt im Fernsehen sprechen möchten. Mal sagen sie das ganz direkt, mal ist es deutlich zu spüren: Ziel dieser Menschen ist, das Narrativ vom 11. September nicht den Tätern zu überlassen, sondern denen ein Gesicht und eine Stimme zu geben, die nicht mehr selbst reden können.

Bei jedem neuen Anschlag beginnt in den allermeisten Nachrichtenredaktionen eine schwierige Diskussion. Denn die Terrorberichterstattung findet ja nicht im leeren Raum statt, sie ist Teil des Kalküls der Täter. Die wollen in die Schlagzeilen. Der Unterschied zwischen einem Mord mit kriminellem Hintergrund und einer Terrortat ist ja gerade die beabsichtigte Wirkung in der Öffentlichkeit. Der «einfache» Mörder will auf keinen Fall erkannt werden, der Terrorist will das Gegenteil. Grundsätzliches Ziel aller Terrortaten ist es, Angst und Schrecken zu verbreiten, den Alltag der Menschen massiv zu verändern und so Reaktionen von Staat und Gesellschaft zu provozieren, die ihnen am Ende neuen Zulauf bescheren und ihrer menschenverachtenden «Legitimation» dienen. Dazu kommt der Wunsch vieler Attentäter, sich ins kollektive Gedächtnis einzubrennen und ihren Gefolgsleuten als Märtyrer zu gelten.

Terroristen wollen eine Botschaft senden. Wie sehr ihnen das gelingt, also ob der Terror sein Ziel erreicht, hängt zu einem entscheidenden Teil von der (Art der) Berichterstattung ab. Das ist mittlerweile fast jedem Journalisten bewusst. Aber es ist eine komplexe Herausforderung. Niemand sendet gern Bilder von Lastwagenattacken in europäischen Großstädten, niemand schneidet gerne die grausamen Folgen solcher Taten für die Nachrichten zusammen – der aktuelle Bericht zur Lage in 2:30. Manche französischen Zeitungen haben nach den Anschlägen in Paris aufgehört, die Namen der Täter zu nennen und ihre Gesichter zu zeigen. In sozialen Netzwerken wird regelmäßig sogar eine «Nachrichtensperre» nach Terrorattacken gefordert, um nicht das Geschäft der Terroristen zu besorgen.

Aber so einfach ist das Problem nicht zu lösen. Egal, um was es geht, bei Berichterstattungsverboten sollte nicht nur in den Redaktionen der Alarm losgehen, sondern auch bei Zuschauern und Lesern. Entscheiden Sie selbst: Was ist erschreckender? Angemessene Berichterstattung über das, was tatsächlich vorgefallen ist? Oder die Ahnung: Da ist etwas passiert, aber wir sollen es nicht erfahren? Letztere vielleicht noch begleitet von düsteren Andeutungen offizieller Stellen, zu viele Details würden doch nur beunruhigen ...

Terror hat eine politische Komponente, da geht es auch um Netzwerke, Finanziers, Nutznießer. Umso verständlicher ist der Wunsch, möglichst viele Hintergründe zu erfahren. Allein schon, um selbst entscheiden zu können, wie man damit umgeht. Dazu gehören eben auch Details zu Tätern, Planung und Hergang der Tat. Nur so kann sich die Öffentlichkeit ein Bild davon machen, wie effektiv die Sicherheitsbehörden arbeiten und ob es Fehler bei Fahndung und Prävention gab. Nur so kann eine Gesellschaft wirklich entscheiden, wie sie reagieren will. Und – ja – auch die Tatsache, dass ein verstörender Gewöhnungseffekt einsetzt, wenn sich bestimmte Vorfälle zu oft wiederholen, gehört zum Wesen des Menschen und kann helfen, die eigene Angst zu meistern.

Mir fällt an dieser Stelle der weiseste aller weisen Sprüche ein: Entscheidend ist die Dosis. Wenn im Fernsehen unmittelbar nach einem Anschlag reihenweise Handy-Videos vom Tatort gezeigt werden, eines brutaler als das andere in der Darstellung des Grauens, dann hilft das mit Sicherheit niemandem weiter. Auch das Foto des Attentäters – wochenlang hinter den Moderatoren eingeblendet auf dem Bildschirm zu sehen, zur schnellen Illustration einer

Nachricht – muss nicht wirklich sein. Und vielleicht hilft es auch, die Namen der Täter generell abzukürzen.

Für mich lautet die wichtigste Lehre aus New York nach dem 11. September aber: an die Opfer denken! Und das heißt eben nicht, deren Leid zur Schau zu stellen oder gar die Privatsphäre von trauernden Angehörigen zu missachten.

Als Jared Tucker auf Hochzeitsreise in Barcelona Opfer eines Lastwagenattentäters wurde, hat dessen Vater den Lesern der «Washington Post» diese Nachricht übermittelt: «Beten Sie für Jared und seine Familie, beten Sie für Barcelona, aber am wichtigsten ist: Beten Sie, dass wir eines Tages den Hass überwinden können, der uns unsere Lieben nimmt.»

Eine Botschaft, die ihm ganz offenbar so wichtig war, dass er damit auf die Medien zuging.

Nicht nur bei Terroranschlägen gerät die Perspektive der Opfer häufiger aus dem Fokus. Mehrfach habe ich in Nachrichtenbeiträgen über die Folgen eines Konflikts Bilder von Begräbniszügen in der arabischen Welt verwendet. Eltern tragen ihre getöteten Kinder wie ein lebloses Bündel vor sich her, für die Menschen dort explizit ein öffentlicher Akt, ein Zeichen der letzten Ehre – und eine Anklage. Mehrfach hat mich die Redaktion in Deutschland dann gebeten, auf diese Bilder zu verzichten, weil man den Zuschauern das nicht zumuten wolle und die Würde des toten Kindes zu schützen sei. Dessen Eltern und Angehörige sehen das ganz anders.

Noch ein Beispiel: Bilder von Kindern, die Opfer eines Giftgasangriffes in Syrien wurden. Sowohl Cutterin als auch Reporter im Schnittraum sind schockiert. In diesem Moment sind wir beide der Überzeugung, sobald die Welt *das* sieht, könne sie nicht länger zulassen, dass dieses Morden weitergeht. Amerikanische und britische Sender zeigen die Bilder. In Israel setzen die Redaktionen ihre Hürden, was zumutbar ist und was nicht, sowieso generell deutlich niedriger, dasselbe gilt für viele Teile Asiens. Aber die meisten Deut-

170

schen haben all das nie wirklich zu Gesicht bekommen. Unser Film wird stark verpixelt gesendet, besonders drastische Szenen – überlagert von einem großflächigen, unscharfen Nebeleffekt.

In dieser Frage gibt es kein Richtig oder Falsch. Und vor allem keine Pauschallösung. Wer die Welt allerdings so exakt abbilden will wie irgend möglich, muss auch ihre dunkelsten Seiten einigermaßen ungeschminkt zeigen. Sicher nicht jeden Tag und nicht im Nachmittagsprogramm und auf jeden Fall mit warnendem Hinweis in der Anmoderation, aber dennoch als Beleg, wie viel Elend wir Menschen verursachen, wie viel Leid wir zulassen, und auch: wie viel zu ertragen wir in der Lage sind. Und wie es in jeder Tragödie Geschichten von Mut, Zusammenhalt und Fürsorge gibt, die selbst in schwierigsten Zeiten hoffen lassen und an denen sich die Welt ein Beispiel nehmen kann.

Helfen ist eine Kunst

Die ersten Leichen meines Lebens habe ich in einem Urlaubsparadies gesehen. Eine schwamm im Pool.

In dem Hotel waren Fernsehteams aus aller Welt untergekommen. Zu Wucherpreisen, wie der Manager zugab. «Ihr werdet für lange Zeit die Letzten sein, die überhaupt noch hierherkommen, also muss ich euch so viel abknöpfen wie möglich.» Entwaffnend offen. Und leider wahr.

Sri Lanka, die Trauminsel im Indischen Ozean, wurde Weihnachten 2004 ein Opfer des verheerenden Tsunamis. Hunderttausende Tote, apokalyptische Schlagzeilen. An Bord unseres Fluges: eine ganze Kompanie Helfer vom Katastrophenschutz in knallroten Warnjacken mit ihren Suchhunden. Wir wussten nicht, was uns erwarten würde, rechneten mit dem Schlimmsten. Und landeten dann erst mal auf einer ausgelassenen Hochzeit.

Wir haben die fröhlich Feiernden in Sri Lankas Hauptstadt Colombo damals im Fernsehen gezeigt und damit manche Zuschauer verstört, die ausschließlich Leid und Elend erwartet hatten. Es war der Versuch, die Ausmaße der Tsunamiverwüstung auch räumlich klarzumachen – und in der Hauptstadt war nichts verwüstet. Die Menschen dort wollten das Leben feiern und die Tatsache, dass ihr eigenes der Gefahr entkommen war. Das tanzende Brautpaar begriff seine Hochzeit auch als Zeichen für die Zukunft: Das Leben muss weitergehen.

Doch schon kurz hinter Colombo wartet der Tod. Über weite Strecken steht kein einziges Haus mehr. So viel flächendeckende Zerstörung hatte ich nie zuvor gesehen. Ein 360-Grad-Schwenk mit der Kamera: nichts als Trümmer. Dazwischen irren Menschen umher. Neben einem Steinhaufen erklärt uns ein Herr, dass er nicht nur sein Heim, sondern auch seine Frau und seine Tochter verloren hat. Wir alle im deutschen TV-Team kämpfen mit den Tränen. Der Mann sucht in den Resten seines Lebens nach einer Möglichkeit, uns etwas anzubieten. Irgendetwas zu trinken, als Zeichen, dass wir willkommen sind.

Ich habe das später in Flüchtlingslagern rund um Syrien immer wieder erlebt, diese überwältigende und gleichzeitig beschämende Situation: Menschen, die alles verloren haben, wollen den Fremden aus Deutschland etwas Gutes tun. Gastfreundschaft – für sie ein so heiliges Gut, dass es selbst die größte Katastrophe überlebt.

Nach zwei Tagen Dreh inmitten dieser Apokalypse wird für uns Beobachter eine Frage immer drängender: Was können *wir* tun? Jetzt. Hier. Sofort.

Die Standardantwort von Journalisten heißt: berichten. So gut es geht. Und darauf bauen, dass die Berichte zu Hause Hilfe mobilisieren, die einen echten Unterschied macht.

Tatsächlich ist die Hilfsbereitschaft der Menschen in Deutschland enorm. Es verschlägt mir immer wieder die Sprache, wie schnell und unkompliziert viele Deutsche sich einsetzen, auch und gerade für Gegenden und Menschen, die sie bestenfalls aus dem Fernsehen kennen. Wie oft es vorkommt, dass Berufsverbände, Firmen, Schulklassen beim Sender anrufen, man habe da gestern Abend im «heute-journal» ein Schicksal gesehen, dem man helfen könne und sehr gerne helfen wolle.

Helfen kann jeder. Richtig helfen ist eine Kunst. Das gilt vor allem in Notlagen, die die menschliche Vorstellungskraft übersteigen. Es ist vielleicht die größte Herausforderung für Journalisten, die aus Kriegs- und Krisengebieten berichten – und ein ständiger Begleiter im Hinterkopf. So viel Leid, so unermessliches Elend, und wir stehen daneben mit der Kamera und schauen zu. In der Tasche: ein deutscher Reisepass und das Rückflugticket in ein Land, in dem man bedenkenlos aus dem Wasserhahn trinken kann. Müsste man nicht selbst mit anpacken?

Das Dilemma führt bei Journalisten in Krisenregionen immer wieder zu heftigen Diskussionen. In keinem Handbuch, keinem Lehrgang wird man auf diesen Konflikt mit dem eigenen Gewissen vorbereitet. Manche versuchen das Erlebte in langen Gesprächen zu verarbeiten, hoffen, dass sich das Gewissen beruhigt, wenn klar wird, man ist damit nicht allein. Andere suchen still mit sich selbst nach einer Lösung. Beschäftigt damit sind alle.

Auch wir in dieser zerstörten Welt, die der Tsunami aus der Region gemacht hat. Die Frage «Was können wir tun?» begleitet uns die ganze Zeit, jenseits aller Berichte und Live-Schalten. Mittlerweile sind Helfer aus der ganzen Welt im Einsatz, sie suchen Verschüttete, bauen Brunnen und Zeltstädte. Aber wir kommen auch immer wieder durch Gegenden, in denen noch niemand war und zu denen vielleicht so schnell auch niemand hinfinden wird. Und dann treffen wir Herrn Sirisene. Er hat den Tsunami überlebt, weil er sich auf eine Palme flüchtete, für den Start in sein neues Leben wünscht er sich jetzt genauso viel Glück. An seinem Schicksal hängt die ganze Familie. 300 Palmen gehören ihm, hoch oben in den Wipfeln wird der Rohstoff für «Toddy» gewonnen, das Nationalgetränk aus gegorenem Palmsaft. Hunderte kleiner Tonkrüge braucht er, um den kostbaren Saft aufzufangen. Bis auf einen hat die Flut alle weggespült.

Herr Sirisene will sich nichts anmerken lassen, mit ein paar Brettern hat er der Familie wieder ein Dach über dem Kopf gebaut, aber wir spüren, wie sehr er kämpft, um nicht auch noch die Hoffnung zu verlieren.

Wir gucken uns im Team gegenseitig an und denken in diesem Moment alle dasselbe. Die Katastrophe kann niemand ungeschehen machen, aber ein paar hundert kleine Tonkrüge ...

Mit Hilfe eines lokalen Kontakts finden wir eine Töpferei nördlich von Colombo und laden unser Auto voll. Zwei Tage später stehen wir wieder bei Herrn Sirisene zwischen den Palmen und sind gespannt, wie er reagieren wird auf unsere Keramiklieferung.

Als er uns sieht, nickt er kurz, dann wendet er sich ab. Und blickt zu Boden. Wir laden alles aus und fahren dann weiter: Schämt er sich seiner Tränen? Fühlt er sich gekränkt, weil er auf Hilfe angewiesen ist? Fragt er sich, wie er vor den Nachbarn rechtfertigen soll, dass er eine neue Chance bekommt und sie nicht?

Ich habe darauf keine echten Antworten, aber ich habe damals verstanden: Auch Hilfe will gelernt sein. Und gut gemeint allein reicht nicht aus.

Es ist kein einfaches Thema. Wer hilft, tut zumindest überhaupt mal etwas, und das in hehrer Absicht. Wer wollte das kritisieren? Aber auch hier nutzt allein der Blick durch die rosarote Brille am Ende niemandem, auch hier gibt es jede Menge Grauzonen.

Auf dem Balkan habe ich Bürokraten im Dienst der internationalen Hilfe erlebt, denen der eigene Fuhrpark (eine eindrucksvolle Flotte blitzsauber gepflegter Geländewagen) wichtiger schien als die ihnen anvertrauten Menschen in Not. Und nur ein paar Kilometer weiter das gegenteilige Bild: eine tapfere Jurastudentin aus Berlin im Dienst der Vereinten Nationen. In dem ihr zugeteilten Dorf war sie Friedensgarant, Bürgermeisterin, Richterin, Kummerkasten und Wirtschaftsförderung in Personalunion. Einfach so und ganz selbstverständlich.

In der Wüste Jordaniens gibt es ein Flüchtlingslager, das international als Vorbild gilt. Und ein anderes, das bei seiner Eröffnung mit Absicht besonders karg ausgestattet wurde. Nachts ohne Licht. Ohne Strom. Und damit ohne Saft für das Handy, der einzigen Verbindung der Menschen nach draußen. Warum? Weil die jordanische Regierung, die Millionen Flüchtlinge in ihr Land gelassen hat, eine große Sorge umtreibt: Das Lager könnte zu attraktiv erscheinen und am Ende gar zu einer permanenten Stadt werden.

Im Umgang mit Heerscharen von Hilfesuchenden macht die Warnung professioneller Helfer durchaus Sinn: «Langsam, langsam, immer mit der Ruhe, nur keine Panik auslösen.» Aber dennoch sind wir erstaunt, als wir mitten in der Flüchtlingskrise auf dem Balkan entdecken, wie palettenweise Wasserflaschen in einem Schuppen lagern, während sich ein paar Meter weiter Abertausende Flüchtlinge durstig über die Landstraße schleppen. Ist das nicht zu viel Ruhe? Zu viel Abwarten? Zu viel Gewappnetsein für den Notfall, während der Notfall längst eingetreten ist und die Durstigen auf der Flucht in ihrer Verzweiflung die Fernsehteams am Wegesrand fragen: «Have you got a little water? Please, Sir.»

Wie viel grundsätzliche Logik steckt hinter jahrzehntelanger internationaler Lebensmittelhilfe, wenn sie eben auch dazu führt, dass die örtlichen Politiker ihre Verantwortung für das Wohlergehen der eigenen Bevölkerung bequem auf die UNO abschieben? Zu erleben nicht nur im Gazastreifen, wo Israel und Ägypten ihre Blockade auch deshalb so rigoros durchsetzen können, weil sie darauf vertrauen, die lange etablierten «Nothilfe»-Strukturen der Vereinten Nationen werden den allerschlimmsten Hunger schon verhindern.

Alles Beispiele, die nicht leicht zu bewerten sind. Lauter Fragen, auf die es keine einfachen Antworten gibt.

Die CNN-Kriegsreporterin Arwa Damon will solche Fragen nicht mehr länger an andere stellen. Sie hat zu viel gesehen auf dieser Welt – und deshalb eine eigene Hilfsorganisation gegründet. Ihr Leitmotiv: «Wir können die Vergangenheit nicht ändern. Aber wir können helfen, eine bessere Zukunft zu schaffen.»

«Inara»[*] soll eine Art Gegengewicht sein zu all den Grausamkeiten, die Kinder in Krisengebieten erleben müssen, und wohl auch zu all den furchtbaren Eindrücken der Reporterin selbst. Die Organisation in der libanesischen Hauptstadt Beirut vermittelt schwer verletzten Kindern einen Platz im Krankenhaus und finanziert die Behandlung. Die kleine Truppe kann nur einem überschaubaren

[*] www.inara.org

Kreis helfen, aber das spielt keine Rolle. Jeder einzelne Fall zählt. Wenn ein Kind dank «Inara» seine zerschossene Hand plötzlich wieder benutzen kann, ist das mehr als ein medizinischer Behandlungserfolg. Es ist ein neues Leben.

Die Geschichte von «Inara» beginnt mit Youssif, einem fünf Jahre alten Jungen, der im CNN-Büro in Bagdad Unterschlupf gefunden hat. Arwa Damon beschreibt, wie Youssif sein Essen zu sich nimmt: ein Reiskorn nach dem anderen zwischen Lippen gesteckt, die er nicht wirklich öffnen kann. Maskierte Männer hatten den Jungen mit Benzin überschüttet und vor seinem Elternhaus angezündet. Das Gesicht jetzt eine einzige Brandnarbe. Die CNN-Kollegen hoffen, ihre Berichterstattung über Youssifs Schicksal würde Hilfe bringen, und sie fürchten gleichzeitig, dass sie sich irren.

Sie irren nicht. Durch Spenden der Zuschauer kommen Hunderttausende Dollar zusammen. Und eines Tages ist es so weit: Arwa Damon ruft die Eltern des Kleinen an und berichtet ihnen, mit Tränen in den Augen, dass Youssif in die USA fliegen könne, um behandelt zu werden. Die Journalistin bezeichnet diesen Tag bis heute als den «besten ihrer Karriere».

Und dennoch ist ein Gefühl auch bei Arwa Damon geblieben, das jeder Kriegsberichterstatter kennt: die Hilflosigkeit.

Da nimmt man das Elend der Menschen und macht daraus eine Story. Und dann? Was ist, wenn all die Bilder und Worte nichts ändern, nicht helfen, niemanden zur Verantwortung ziehen? Welchen Sinn macht das dann noch?

Ein besonderes Beispiel ist Syrien, wo die Menschen nach sechs Jahren grauenvoller Gemetzel zu den Reportern sagen: «Warum sollten wir mit euch reden? Es bringt doch eh nichts.» Je mehr eine Region in Gewalt versinkt, desto ernüchternder ist die Einsicht: Kein Bericht, keine noch so große journalistische Anstrengung wird die Lage wirklich ändern. Damon beschreibt das so: «Es war, als würde ich in ein schwarzes Loch schreien.»

Wider das schwarze Loch hat Arwa Damon ihr bemerkenswertes Projekt gestartet, andere Reporter helfen auf ihre Art, sie gehen privat sammeln, beginnen Patenschaften oder trommeln im Bekanntenkreis für einen guten Zweck. Das grundsätzliche Problem jedoch bleibt: Helfen und gleichzeitig berichten – kann das zusammenpassen?

Es ist staubig und heiß an diesem Septembertag 2015 an der serbisch-ungarischen Grenze. Der Schlagbaum ist unten, Zäune, Stacheldraht – die Grenze ist dicht. Auf ungarischer Seite sind Armee-Einheiten aufgezogen, mit Radpanzern in Wüstentarnfarben noch aus dem letzten Irak-Krieg.

Ihnen gegenüber steht allerdings keine hochgerüstete Armee. Dort ist die größte Flüchtlingswelle gestrandet, die Europa seit Generationen gesehen hat, müde sitzen die Menschen auf der Landstraße neben dem Schild «Willkommen in der EU». Und wissen nicht weiter. Aus der Entfernung wirkt es wie ein ärmliches Massenpicknick. Auf dem Asphalt, im Straßengraben, auf den Wiesen drum herum, unter jedem Baum, der ein wenig Schatten bietet, überall Menschen. Es sind Zigtausende.

Wer näher kommt, sieht erschöpfte Gesichter, Männer, Frauen, viele Kinder. Gemeinsam mit einem Kollegen der «heute»-Nachrichten frage ich mich durch: Wie soll das nur weitergehen?

Ein junger Mann fällt uns auf. Um ihn hat sich eine kleine Gruppe geschart, er spricht gutes Englisch, hat ein Mobiltelefon dabei und einen kleinen Notizzettel. «Zagreeb, Salzborg, Pasau» hat ihm da jemand die ideale Route beschrieben, und Barkat ist sich sicher, er wird es schaffen. Er hat schon ganz anderes geschafft, seit Wochen ist er unterwegs, alle anderen aus seiner Gruppe sind entweder verhaftet worden oder tot. Barkat will Weltraumtechnik studieren, er will der Hoffnungslosigkeit in Afghanistan entkommen und den Morddrohungen der Taliban. Allein in Richtung Deutschland.

Wir wollen ihn begleiten, entlang der berüchtigten «Balkanroute», und an seinem Beispiel die Geschichte einer Massenflucht erzählen, die ganz Europa bewegt. Barkat verhandelt mit einem serbischen Taxifahrer. 300 Euro will der für die Tour bis zur Grenze nach Kroatien, 300 Euro für den Umweg an Ungarns Soldaten und ihrem eisernen Vorhang vorbei.

Unser Mietauto ist leer. Wir könnten helfen. Wir hätten Platz für mindestens drei Mitfahrer. Und wir wollen kein Geld.

Aber wir sind eben auch keine Helfer und vor allem kein Teil der Geschichte. Wie sollen wir über einen Flüchtlingstreck berichten, bei dem wir selbst mit am Steuer sitzen? Wir sind hier, um zu beobachten.

Lauter starke Sätze. Die sich viel einfacher aufschreiben lassen als vor Ort umsetzen.

Am Ende konnte man auf Serbiens staubigen Landstraßen an diesem Tag einen zufriedenen Taxifahrer erleben, das Auto überladen mit Flüchtlingen, für ihn ein gutes Geschäft.

Und direkt dahinter zwei deutsche Journalisten, im Mietwagen mit Gewissensbissen. Wir sind nicht stolz auf dieses Bild, aber es ging nicht anders.

Dornröschenschlaf

Nicosia, die Hauptstadt von Zypern, hat einen internationalen Flughafen, nur ist dort seit 40 Jahren kein einziger Passagier mehr gelandet. Am Rand des Rollfelds steht eine schrottreife Maschine, an der das Wetter nagt. Die allerletzte Ankunft: «Cyprus Airways» nonstop aus London.

Das Terminal, einst hochmodern, entworfen von der Firma Dorsch & Gehrmann aus Wiesbaden, ist Sperrzone. Es wirkt, als hätte hier jemand die Zeit angehalten: Die alten Ticketschalter, die Gepäckbänder – alles noch da. Selbst die Siebziger-Jahre-Werbung für eine Uhrenmarke an der Wand ist noch erstaunlich gut zu erkennen.

Hier hat niemand mehr eingecheckt, seit Zypern zu einer geteilten Insel wurde und das Ferienparadies zu einem Dauerproblem mitten in Europa. Hier ist zu erleben, was passiert, wenn gut gemeinte Hilfe zur anachronistischen Routine wird. So viel Widersprüchliches auf kleinstem Raum. Zypern ist eine Wundertüte für Journalisten: ein Phantomstaat und ein Pleitestaat. Türkische und griechische Zyprer. Waffenstillstand, aber kein Frieden. Beachbars und Checkpoints. Und als Puffer dazwischen: wir alle, die internationale Gemeinschaft.

Aber kaum jemand außerhalb der Insel interessiert sich noch dafür. Man kann nicht wirklich behaupten, dass der Zypern-Konflikt im Brennpunkt der Weltöffentlichkeit stünde. Wer hier ein paar Tage hintereinander mit einer Fernsehkamera unterwegs ist, gilt bereits als hartnäckiger Dauergast. Anders als die Situation im Nahen Osten spielt sich Zyperns Problem außerhalb der dicken Schlagzeilen ab. Leichter zu lösen scheint es deshalb nicht.

Den Schlüssel zu diesem Ort, so steht es auf einem verrosteten Schild am Terminal, hat die UNO. Und das gilt nicht nur für den Flughafen. Seit fast fünf Jahrzehnten halten die Vereinten Nationen hier die Fahne hoch, aus einer Übergangslösung wurde der längste Blauhelm-Großeinsatz der Geschichte. Kosten jedes Jahr: Über 50 Millionen US-Dollar. Doch für die Blauhelme ist der Einsatz für den Frieden hier eher ein Kampf gegen den Frust. Alltag zwischen Mandat und Monotonie.

Wir sind an einem Checkpoint zum Niemandsland und müssen unsere Pässe zeigen. Eigentlich dürfen nur Vertreter der Vereinten Nationen rein. Eigentlich ist Filmen streng verboten.

Auf der anderen Seite des Schlagbaums beginnt ein weltweit einzigartiges Gebiet, die «Pufferzone». Sie ist das zentrale Projekt der UNO auf Zypern. Das Rezept stammt allerdings noch aus der Zeit, als sie sich hier gegenseitig umgebracht haben: Abstand schaffen, die beiden Konfliktparteien auf Distanz halten.

Wer darüber berichten will, muss hartnäckig sein. Viele Telefonate, unzählige E-Mails, auch das zyprische Pressebüro der Vereinten Nationen wirkt wie aus einer anderen Zeit. Lieblingssatz der Sprecher: «Das geht auf keinen Fall.» Jeder Journalist kennt dieses Gefühl: Am liebsten wäre es der Pressestelle, wenn der Reporter das ganze Thema gleich wieder vergessen würde.

Aber jetzt steht tatsächlich ein stämmiger, braun gebrannter Soldat aus der Slowakei neben uns und erklärt die Regeln: «Wenn wir in die Pufferzone fahren, müssen wir am Fahrzeug die blaue UN-Fahne anbringen, das ist Vorschrift, damit die verfeindeten Parteien hier deutlich sehen: Das ist ein Fahrzeug der Vereinten Nationen.»

Hauptmann Michal Harnadek ist sichtlich stolz darauf, bei der UNO zu dienen, auch stolz auf die Uniform und sein hellblaues Käppi: «Ich unterstütze den Frieden in der Welt, mit meinen kleinen Möglichkeiten.»

Seine Kameraden aus Großbritannien unterstützen den Frieden

an diesem brütend heißen Sommertag strampelnd auf dem Fahrrad. Umweltschonend patrouillieren sie zwischen Ruinen entlang der Waffenstillstandslinie mitten durch das einstige Zentrum von Nicosia. Ihr Mandat: den Status quo zu erhalten, alles exakt so zu lassen wie es 1974 war, beim Ende der Kämpfe auf Zypern. «Der Weg hat den Spitznamen ‹Spießgasse›, weil sich die verfeindeten Parteien hier früher abgestochen haben, mit Bajonetten, die sie auf Besenstiele gesteckt hatten», erklärt uns ein radelnder britischer Corporal.

Krisenherd Zypern 1974, die Insel im Blickpunkt der Welt. Nach einem Putsch von griechisch-zyprischen Militärs, die den Anschluss an Griechenland durchsetzen wollten, marschieren türkische Truppen in den Nordteil der Insel ein – und bleiben. Es gibt schwere Kämpfe mit Tausenden Toten, Verwundeten und Vermissten. Die UNO gerät zwischen die Fronten. Sie kann nicht verhindern, dass Zypern geteilt wird. Ein türkischer Teil im Norden, anerkannt nur von der Türkei, und die griechische Republik Zypern im Süden, Mitglied der Europäischen Union.

Tödlich ist der Zypern-Konflikt seit Jahrzehnten nicht mehr, politisch gelöst allerdings auch nicht. Es gibt Übergänge und unkomplizierte Reisefreiheit zwischen beiden Teilen, aber die Barrikaden und Checkpoints sind eben auch immer noch da.

Als Leiter des Goethe-Instituts auf der Insel kam Björn Luley jeden Morgen an ihnen vorbei, sein Arbeitsplatz lag genau auf der Trennlinie zwischen Nicosia-Süd (Lefkosía) und Nicosia-Nord (Lefkoşa). Luley ist kein Diplomat, und das ist erfrischend, der Mann liebt Klartext. «Man fasst sich an den Kopf und kann eigentlich nur an der Menschheit verzweifeln», seufzt er, «dass sich zwei Volksgruppen auf einer winzigen Insel so ein Überbleibsel leisten, das eigentlich längst auf den Müllhaufen der Geschichte gehört.» Luley hofft, dass die Vereinten Nationen beiden Seiten endlich mal sagen: «Leute, irgendwann ist Schluss! Wir fühlen uns von euch verkackeiert, ihr seid erwachsene Menschen, es muss doch möglich sein, dass man hier ein vernünftiges Zusammenleben hinbekommt.» In der Tat landet jeder, der sich eingehender mit den Absurditäten dieser Insel beschäftigt, irgendwann bei der Frage: Warum haut hier keiner mal auf den Tisch? Man wird das Gefühl nicht los, dass sich alle mit der Situation arrangiert haben. Alle auf ihre Weise.

Das britische Kontingent der UN-Truppen ist nicht wirklich ausgelastet und nutzt das zur Weiterbildung. Im Angebot besonders beliebt: ein Gabelstapler-Kurs. Er ist fast ausgebucht.

Knapp 1000 Soldaten aus 20 Nationen sind auf Zypern stationiert. Ihr Hauptquartier am Stadtrand von Nicosia hat eine eigene Müllabfuhr, eine eigene Kirche und einen eigenen Supermarkt[*]. Der Insel haben die internationalen Soldaten vor vielen Jahren Ruhe und Stabilität gebracht, eine Stabilität allerdings, die auch lähmen kann. Über drei Spuren frisch geteerte Autobahn fahren wir in den Südosten der Ferieninsel, ganz in die Nähe der großen Pauschalresorts, wo ein Außenposten der Weltgemeinschaft Dienst schiebt. Wer UN-Truppen nur auf staubigen Pisten afrikanischer Krisenherde vermutet, muss umdenken.

Pyla ist ein verschlafenes Dorf auf der Trennungslinie zwischen Nord und Süd. Griechisches Kaffeehaus, türkisches Kaffeehaus, dazwischen UNO-Beobachtungsposten 129. Ein weißer Turm aus Holz und Stahl, vom zerschlissenen Ledersessel oben hat man einen wunderbaren Panoramablick.

«Wann gab es den letzten Zwischenfall?», will ich vom diensthabenden Offizier im Sessel wissen. «Absolut keine Probleme hier, wir können uns nicht erinnern, dass mal was passiert ist.» Aber *falls* sich im Kaffeehaus etwas zusammenbrauen sollte, sehen sie es zuerst. «Bereit zum Einsatz!», melden die Soldaten und wollen nicht

---

[*] Shopping hier nur in Begleitung eines UN-Soldaten. Souvenir-Tipp: Die silbernen Feuerzeuge mit Gravur «UN Cyprus».

klagen, aber man darf annehmen, dass der größte Kampf, den sie hier führen, der ist gegen die Langeweile.

Unten im Dorf machen sich die Leute längst lustig über ihre internationalen Nachbarn: «Die gucken einfach nur, das ist alles. Wie Touristen.» Und Touristen kommen gerne nach Pyla. Wegen der gemütlichen Atmosphäre, der guten Tavernen und um mal echte Blauhelme zu sehen. Ein bisschen Abwechslung im Strandurlaub.

Als *Beachkeeper* werden die *Peacekeeper* immer wieder verspottet, dabei hat der Einsatz im Ferienparadies mit Urlaub nicht viel zu tun. Die Slowaken zeigen uns ihre Unterkunft: enge Wohncontainer auf einem windigen Plateau. Einziger Luxus ist die Klimaanlage. Nach einem Jahr kommt die Ablösung. «Länger hält man das auch kaum aus», erzählen sie uns – aber erst, als die Kamera garantiert abgeschaltet ist. Ich verstehe, dass sie keinen Ärger riskieren wollen mit dem Kommandeur, allerdings spricht das große Schild über dem Tor bereits für sich: «Camp Alcatraz».

Aber auch das sollte besser niemand im Fernsehen sehen, findet der Presseoffizier. (Mittlerweile ist das Camp offiziell umbenannt worden, nach einem slowakischen Heiligen aus dem 12. Jahrhundert.)

Als wir den Posten der türkischen Armee direkt nebenan filmen, der hier in der «neutralen Pufferzone» eigentlich nichts zu suchen hat, wird der Presse-Soldat vollends nervös: «Das gibt jetzt wieder Ärger von denen und Protestbriefe.» Normalerweise beschränken sich die Blauhelme darauf, den Regelverstoß der Türken ans Hauptquartier zu melden. Sie schreiben fleißig Berichte. Eingreifen tun sie nicht. Die Friedenssoldaten im Auftrag der Weltgemeinschaft – hier wirken sie wie ängstliche Schiedsrichter.

Leutnant Contreras ist klar zum Start. Der Offizier aus Argentinien beobachtet Zypern aus der Luft. Mit seinem Hubschrauber ist er Teil einer besonders einsamen UNO-Einheit im wilden Westen der Insel. Ihr Stützpunkt passt dazu: staubige Pisten, ein paar Wellblechbaracken, fehlt nur die Musik von Ennio Morricone. «Ich gehe lieber unter, als dass ich meine Fahne aufgebe» steht am Tor. Argentinisches Pathos und Nationalstolz. Vielleicht braucht man das als Soldat bei einem Einsatz ohne echte militärische Herausforderung. Es sind merkwürdige Patrouillendienste fern der Heimat. Jede noch so kleine Veränderung müssen die Argentinier auf *Beobachtungsposten 32* protokollieren. Ihre Kontrollkamera hat einen Wachturm der türkischen Armee im Blick. Maximal zwei türkische Soldaten dürfen dort aktiv sein, so steht es in den Abkommen. Also zählt die Weltgemeinschaft durch, jeden Tag, rund um die Uhr. «Hier sieht man den Schuh von einem Soldaten, er hat sich gerade hingesetzt», beschreibt der diensthabende argentinische Feldwebel die unscharfen Bilder auf seinem Monitor, «und dort im Bunker, dort ist der andere Soldat.» Im Moment also: alles in Ordnung!

Eine der absurdesten Szenerien, die ich jemals gesehen habe, gibt es ebenfalls auf Zypern. Das ehemalige Diplomatenviertel von Nicosia, ein ganzer Bezirk mit kühn geschwungenen Villen im Modernismus-Stil. Sie müssen mal die Visitenkarte wagemutiger Architekten gewesen sein, aber auch hier steht die Zeit still. Eine Sperrzone, entkoppelt vom Lauf der Welt seit über vier Jahrzehnten. Manche Empfangsräume sehen aus, als ob die letzte Botschafterparty ziemlich überraschend abgebrochen wurde: auf den Tischen Gläser, Flaschen, Aschenbecher. Ein ehemals edler Vorhang flattert zerrissen im Wind. Trödler und Antiquitätensammler bekämen hier feuchte Augen. Aber sie haben keine Chance. Es ist ein Stillleben in Staub, und bewaffnete UNO-Soldaten passen auf, dass niemand etwas anrührt.

Auf den Flachdächern ist eine wuchernde Steppenlandschaft entstanden. Der Weg zu den ehemals stattlichen Anwesen gleicht heute einer Dschungelexpedition. Kein Mensch zu sehen, das Einzige, was sich hier entwickelt, ist die Natur.

Die «Millionärsvilla», das «Architektenhaus» – die UNO-Soldaten haben für jede dieser verfallenen Schönheiten einen eigenen
Spitznamen. Sie bewachen einen Dornröschenschlaf.

Hauptmann Harnadek bewegt sich geradezu ehrfürchtig über
modernes Parkett, er weist uns immer wieder auf Gefahren hin,
auf der Freitreppe ins Obergeschoss fehlen zwischendrin drei Stu-
fen. «Wir bewahren hier den Status quo, das heißt: Nichts wird sich
ändern. Auch der Status dieses Hauses nicht. Natürlich gilt das nur
für die Aktivitäten der Menschen. Was die Natur hier macht, ist eine
andere Sache. Regen, Wind, Frost, die Tauben, das lässt alles natürlich immer weiter verrotten.»

Zypern ist Europas verrückteste Insel. Auch wenn die Urlauber das
kaum merken. In der Tourismuswerbung ist es der Ort, «an dem die
Götter Urlaub machen». Und auch das stimmt.

Zypern hat noch fast völlig unberührte Strände. Ein Traum, der
selten geworden ist in Europa. Sie liegen nicht im Süden, dem EU-
Staat, wo entlang der Küste alles mit Bettenburgen zugestellt ist,
sondern im Nordostzipfel des türkischen Teils. Dessen politische
Isolierung und der internationale Wirtschaftsboykott waren für
die Natur hier jahrelang ein Segen. Aber wie lange noch? Ob den
Menschen klar ist, welchen Schatz sie besitzen? In Dutzenden Gesprächen mit Planern und Politikern im Norden war es immer der
deutsche Reporter, der den enormen Wert unberührter Natur auch
für den Tourismus gepriesen hat. Die Gegenüber guckten meist
verständnislos. Olivenhaine und Traumstrände haben wenig Chancen gegen Hotelprojekte und Immobilienmakler. Auch im Norden
hat der Bauboom längst begonnen, es reizt das schnelle Geld. Aber
noch gibt es auf der Halbinsel Karpaz die letzten wilden Esel Europas. Um sie zu filmen, müssen wir ein Teleobjektiv benutzen. Die
letzten wilden Esel Europas haben wenig Lust auf Begegnungen
mit dem Menschen.

Ich habe mich in Zypern verguckt. Es gibt sicher bessere Urlaubsziele, aber kaum einen besseren Ort, um auf so kleinem Raum politische Verwerfungen zu studieren: Konflikt und Versöhnung, Verhandlungen und Funkstille, Fortschritt und Stagnation, Geld und Macht, Krieg und Frieden. Komisch eigentlich, dass so wenige Reporter hier unterwegs sind.

Die Insel ist gerade mal halb so groß wie Sachsen und steckt voller Geschichten:

Der Erzbischof.

Ein Drahtzieher mit Laptop und Aktentasche, Herr über ein Investmentbudget, von dem andere Finanzjongleure nur träumen können. «Wissen Sie, um ein kirchliches Projekt zu finanzieren, braucht man Geldquellen», erzählt er uns hinter seinem schweren Schreibtisch. «Deshalb investieren wir in Hotels, wir besitzen Anteile von Banken und steigen jetzt in den Energiesektor ein.» Warum drum herum reden, wenn es jeder schon von außen sieht: Der Kirchenmann hat den schönsten Palast. Zyperns weltliche Herrscher müssen vor Neid erblassen.

Der Abt.

Sein Kloster Kykkos* hoch oben in den Bergen sei eines der reichsten überhaupt, munkeln die Leute. Auch die Mönche hier sind keine der Welt entrückten Gottesmänner, sondern Großgrundbesitzer, Wirtschaftslenker, Politstrategen. «Der Mensch besitzt auch einen Körper, der materielle Bedürfnisse hat», erklärt uns Pater Agathónikos und gießt den selbst gebrannten Trester-Brand mit Zimt noch mal nach. Ich spüre bereits dessen Folgen. «Wir als Kirche müssen auch dafür Angebote und Arbeitsplätze bereitstellen.»

Der deutsche Reeder.

Auf der Flucht vor der Steuer zu Hause hat er mitgeholfen, dass

---

* Irre Lage im **Troodos-Gebirge**. Sehenswertes Museum. Mehr als reichhaltig mit Gold verzierte Kirche.

unter der Flagge der kleinen Insel die zehntgrößte Flotte der Welt unterwegs ist. «In Deutschland kannst du als Reeder höchstens noch im Museum stehen, mit 'ner Schiffermütze auf», sagt er. Auf Zypern ist er ein wichtiger Mann mit direktem Draht in den Präsidentenpalast. Jeder kennt ihn als «Käpt'n».

Die junge Künstlerin.

Mit Atelier in einer alten Bankfiliale und mit neuen Inspirationen für ihre Collagen. Seit die Bank pleiteging, ist Eins-a-Citylage plötzlich erschwinglich. «Wenn man nicht mehr so viele Möglichkeiten hat, muss man sich was einfallen lassen. Ich glaube, jede Krise bringt die Menschen dazu, kreativer zu denken.»

Die Russen.

Manche kommen der Sonne wegen, manche mit verdächtig viel Geld. Russische Zeitungen, russische Kochbücher, der russische «Playboy» am Kiosk – fast wie zu Hause, nur das Wetter ist deutlich besser. In Limassol («Limassolgrad») stammt jeder sechste Einwohner aus Russland. Zypern hat einen berüchtigten Ruf als Paradies für alle, die schnell eine Bankverbindung brauchen und, bitte schön, keine Fragen dazu. An der Südküste reiht sich ein Pelzgeschäft an das nächste – bei 30 Grad im Schatten. Kunden sieht man selten, dafür überall Überwachungskameras. Eine Verkäuferin flüstert uns zu: «Die Leute aus Zypern kaufen höchstens mal das kleine Ärmellose, und auch das nur im Winter. Im Sommer kaufen sie natürlich nichts. Dann kaufen nur die Russen.»

Der gewiefte Anwalt.

Er hat mit der Registrierung von Firmen, als Finanzmakler und Steuerberater ein Vermögen gemacht, Filialen in Moskau und Kiew inklusive. Die Beinahpleite der Insel in der Finanzkrise hat auch sein Geschäft getroffen. Aber wer dachte, einer wie er begnüge sich jetzt mit Scheidungsfällen und Verkehrsdelikten, muss umdenken. «Langsam haben wir wieder angefangen, Firmen zu registrieren und Vertrauen aufzubauen. Das Modell funktioniert immer noch.»

Die Damen von Kédares.

In ihrer Taverne sind Männer verboten. Hier trifft sich die gesamte weibliche Bevölkerung dieses Dorfs in den Bergen. Die jüngste von ihnen ist 69. «Bei den Frauen ist es sehr gefährlich», hatte uns der Bürgermeister gewarnt. Aber das stimmt natürlich nicht. Der Mann ist nur neidisch, dass er nicht reindarf. Eleni, Aphrodite, Marina und all die anderen haben für Kameramann und Reporter aus Deutschland eine Ausnahme gemacht, von ihren selbst gebackenen Köstlichkeiten schwärmen wir noch heute.

Die Jungen haben das Dorf längst verlassen. Die Alten treffen sich hier jeden Tag. Stundenlang. Nach Hause gehen sie eigentlich nur, weil in ihrem Refugium der Fernseher nicht funktioniert. Und abends läuft doch «Triumph der Liebe» im zyprischen Fernsehen, diese Telenovela will keine von ihnen verpassen. Die Damen kennen Zypern noch als Insel der Esel, mit schmalen Pfaden, wo heute die Autobahnen sind. In ihrem Dorf allerdings, so sagen sie, hat sich eigentlich nichts verändert.

Direkt gegenüber, auf der anderen Seite der Straße, sitzen die Männer. Statt hausgemachter Süßigkeiten gibt es hier Bier und Schnaps. «Wer unser Zeug trinkt, der bekommt keinen Schnupfen, keine Grippe, keinen Herzinfarkt», sagt einer aus der Runde. Wie sich herausstellt, nicht der Arzt des Dorfes. Sondern der lokale Winzer.

Und dann – natürlich – der Präsident.

Es gibt ihn gleich zweimal. Der international Anerkannte im Süden sitzt mit am Tisch der EU. Lange Zeit allerdings als Bittsteller. Wenn sich die Kreditwürdigkeit eines Landes auf Ramschniveau befindet, sind kritische Fragen im Präsidentenpalast nicht unbedingt willkommen. «Warum müsst ihr Deutschen immer alles so genau wissen?», hat mir die Pressesprecherin mal zugezischt, und es war eigentlich keine Frage, sondern ein Vorwurf.

Eine Präsidenten-Pressekonferenz zu der Zeit, als sich die katastrophale Finanzsituation der Insel gerade zuspitzte, übertrugen alle zyprischen Sender live. Aber deren Reporter hatten bereits nach ein paar Minuten keine Fragen mehr. Danach sahen die überraschten Inselbewohner zur besten Sendezeit ein hitziges Hin und Her auf Englisch zwischen ihrem Präsidenten und Reportern aus dem Ausland.

Der andere Präsident herrscht über einen Staat, der eigentlich gar nicht existiert. Die selbst ernannte türkische Republik Nordzypern ist eine – durch und durch merkwürdige – Geschichte für sich. Ein Phantom, geschaffen durch den Einmarsch türkischer Truppen 1974, international isoliert und nicht anerkannt. Am Grenzübergang zwischen den beiden Hälften der Insel wartet die Dame vom staatlichen Pressebüro des Nordens auf uns. Anders als ihre Kollegin im Süden beschränkt sie sich nicht auf kritische Anmerkungen: Sie ist hier, um Bilder zu verhindern. Wehe, wir filmen die Grenzbeamten, wehe, die Soldaten, die rechts und links der Straße im Dickicht hocken. Man ist kaum eingereist, da wird bereits klar: Das hier ist kein normaler Staat. Es ist einer dieser Orte, an denen man notgedrungen ständig aus dem fahrenden Auto filmt. Überall Fahnen und Parolen an den Straßen. Ein Staat, der sich seiner selbst vergewissern muss, weil es sonst keiner tut. Die Türkei hat Unmengen von Soldaten geschickt und Siedler aus Anatolien, die türkischen Zyprer sind mittlerweile fast schon eine Minderheit im eigenen Land. Die «Republik» im Norden hängt finanziell am Tropf der Türkei und kann sich schon deshalb kaum dagegen wehren, dass die Türkei auch die Leitlinien ihrer Politik bestimmt.

Die Frage aller Fragen: Wird es eine Wiedervereinigung geben? Bei der Antwort sind sich die Mächtigen im Süden wie im Norden ausnahmsweise ganz nah: Alles ließe sich klären, *wenn* nur die jeweils andere Seite mitmachen würde. Der Präsident im Norden lächelt so verbindlich in die Kamera wie der im Süden und sagt dann: Die anderen sind schuld! Es ist wie im Kindergarten. Nur dass die Politiker danach nicht im Sandkasten verschwinden, sondern in blank geputzten Luxuslimousinen aus deutscher Produktion.

Im Norden stammen die von Bodo Steinke. Der deutsche Geschäftsmann, den sie überall nur «Mr. Bodo» nennen, ist der geborene Autohändler, charmant und schlagfertig. Steinke hat schon überall auf der Welt deutsche Autos verkauft, aber Nordzypern überrascht selbst ihn: «Ich bin hier in einem Land, das völkerrechtlich gar nicht existiert. Ich soll tun und machen, und dabei gibt es für meine Arbeit als Geschäftsführer keine Rechtsgrundlage. Das ist schon sehr exotisch.»

Auch im Nordteil dieser Insel gilt: Es gibt immer mehr als *eine* Wahrheit. Moscheen in den alten Städten und halbseidene Nachtclubs an den Autobahnen. Elegant aussehende Geschäfte, die lauter Fälschungen verkaufen. Eine rechtliche Grauzone, nach dem Motto: Wenn ihr uns nicht anerkennt, dann könnt ihr uns auch nichts verbieten. Wer mal nachts durch die Kasino-Komplexe[*] an der Nordküste gestreift ist, weiß: Die türkische Republik Nordzypern ist so ziemlich das Gegenteil eines strenggläubigen moslemischen Landes.

Die jungen Zyperntürken[**] lieben die Offenheit hier. Ganz selbstverständlich sitzen Frauen in der Kneipe[***] beim Bier – aber sie haben Angst vor der Zukunft. «Wir fühlen uns als Outsider», sagt eine junge Studentin, «die EU hat den türkischen Zyprern viele Versprechungen gemacht, aber keines davon gehalten.»

«Frieden = Zukunft, die Rechnung ist einfach», hat die UNO auf bunte Plakate drucken lassen. Papier ist geduldig. Die weisen Worte eines UN-Chefs dagegen machen die ernüchternde Realität klar:

---

[*] **Kyrenia** (türkisch: **Girne**) ist eine Art Mini-Las-Vegas im Mittelmeer und allein deshalb sehenswert. Man kann auch toll schnorcheln.

[**] Ihr cooler Treffpunkt im Sommer: **Escape Beach Club**. In Alsancak.

[***] Nette **Bars** auf der Mehmet-Akif-Straße. Im Nordteil von Nicosia.

«Zypern ist der Platz, an dem Karrierediplomaten merken, wie es sich anfühlt zu scheitern.»

Dem Australier Alexander Downer müssen solche Worte in den Ohren klingen. Er hatte auch schon mit Afghanistan und dem Irak zu tun, aber sein Job als UN-Chefunterhändler für Zypern war wohl der schwierigste von allen. Seit vier Jahrzehnten ziehen sich die Verhandlungen über die Wiedervereinigung wie Kaugummi, seit vier Jahrzehnten ohne Erfolg. «Es ist eines der drei hartnäckigsten Probleme der Welt», sagt Downer, «neben dem israelisch-palästinensischen Konflikt und der Kaschmir-Frage.» Ein absurder Zustand! Denn wenn es auf beiden Seiten wirklich den Willen gäbe, davon ist der Diplomat überzeugt, ließe sich alles «in einer Woche» lösen.

«Wie oft haben Sie denn schon die Geduld verloren?», frage ich ihn.

«Es ist nicht mein Job, die Geduld zu verlieren.»

«Aber es wäre doch menschlich, oder?»

«Na ja, manchmal ist man schon ‹leicht irritiert›, um es höflich zu sagen. Politisch gibt es absolut null Vertrauen zwischen beiden Volksgruppen. Wenn eine Seite einen Vorschlag macht, dann denkt die andere sofort: Wo ist der Haken?»

«Leicht irritiert» ist gut. Die Worte eines Berufsdiplomaten. Man könnte auch sagen: schwer verwirrt. Je mehr man über die Hintergründe weiß, desto weniger versteht man.

Ich bin kein Freund von Experten, die plötzlich, vor einer Bücherwand stehend, im Fernsehen auftauchen und mal eben die Welt erklären. Aber jetzt wäre einer gut, der kein Grieche ist und kein Türke. Ein Unabhängiger, einer, der Zyperns Geheimnisse versteht. An der Uni von Nicosia finden wir ihn. Er holt sich erst mal einen kleinen, starken Kaffee und kennt auch dessen geheime Symbolik: Zeigt der Henkel der Tasse auf dem Tablett nach außen, ist er süß. Schräg = medium. Henkel zur Mitte des Tabletts heißt: Kaffee pur.

Der deutsche Professor Hubert Faustmann lebt seit über 15 Jahren hier, er hält Vorlesungen in Geschichte und Politik. Aber er ist nicht der typische Experte. Er hat verstanden, dass man nicht alles verstehen muss. «Um das hier auszuhalten, gehört auch eine Portion Wahnsinn dazu», sagt er. Und ein bisschen Galgenhumor.

«Wenn es diesen Konflikt nicht gäbe, hätte die ganze Zypern-Problem-Industrie ein großes Problem», grinst Faustmann, «also Leute wie ich, die zu Konferenzen eingeladen werden oder im Fernsehen sprechen, weil es ein Zypern-Problem gibt. Solche Leute würden dramatisch an Bedeutung verlieren. Auch die Politiker auf Zypern profitieren davon, weil sie daraus eine große Wichtigkeit für sich selbst ableiten und immer mal wieder im internationalen Rampenlicht stehen.»

Dieser kleine Krisenfleck mitten in Europa zeigt eine verstörende Problematik, die mir nicht aus dem Kopf geht. Weil sich hier so deutlich beobachten lässt, wie der Status aller Beteiligten unmittelbar vom Fortbestehen eines Konflikts abhängt. Und deshalb die einfache Frage auf der Hand liegt: Welches Interesse sollten sie haben, den Konflikt zu *lösen*?

Wir bummeln mit dem Professor durch die Innenstadt von Nicosia, ein nächtlicher Spaziergang, wie man ihn so nur hier machen kann, vorbei an einem Imbiss für Fleischspießchen, der sich passenderweise «Berliner Mauer Nr. 2»[*] nennt. Plötzlich unterbricht ein Kommando aus dem Dunkeln unser Gespräch. Hier, direkt an der Haupteinkaufsstraße, liegen Soldaten, Maschinenpistole im Anschlag, und rufen: «Kamera aus!»

«Technisch gesehen, herrscht hier halt noch Krieg», sagt Professor Faustmann, «und da liegen die sich eben schwer bewaffnet gegenüber. Aber es passiert normalerweise nichts.»

Nicosia, die letzte geteilte Hauptstadt Europas. Natürlich muss

---

[*] **Berlin Wall Nr. 2 Kebap House**, Faneromenis 39, Nicosia.

ich an die Stadt denken, in der ich aufgewachsen bin. Und in der eine wesentlich gewaltigere Mauer über Nacht irrelevant wurde. Auf Zypern ist es ein bisschen so, als hätte man im geteilten Berlin die Grenzübergänge geöffnet, aber die Mauer einfach stehen lassen. Der Krieg ist vorbei, aber eben nur fast.

Was macht das mit einer Gesellschaft, wenn diese eine, jahrzehntelange Konfrontation das gesamte politische Leben dominiert? Wie ungesund ist es, wenn die Krise zum alles bestimmenden Inhalt der Diskussion wird und Sicherheitsgründe zum alles entscheidenden Argument? Lauter Gedanken, die man auch auf Israel und die Palästinenser anwenden kann und auf viele andere Krisenregionen der Welt. Und die unbequeme Fragen aufwerfen: Was heißt das für uns Journalisten? Tun wir genug, um die Absurdität einer langjährigen Entwicklung abzubilden? Oder haben auch wir uns im Status quo eingerichtet, so wie die UNO auf Zypern?

Der Professor aus Nicosia hat uns einen tiefsinnigen Satz mitgegeben, ironisch zugespitzt – und gerade deshalb bleibt er im Kopf: «Zypern ohne das Zypern-Problem ist ... Malta.» Schön, aber unbedeutend.

Ganz nah dran – und ganz weit weg

Es gibt ein Thema, das die Nachrichtensendungen in den letzten Jahren bestimmt wie kein anderes: die einschneidendste Entwicklung, die Deutschland seit der Wiedervereinigung erlebt. «Flüchtlingskrise» wird von der Schlagzeile zum Schlagwort. Ich schreibe unzählige Moderationen dazu, führe Interviews, lese Agenturmeldungen, Korrespondentenberichte, Analysen und Dossiers – und jedes Mal muss ich irgendwann an Menschen wie Abdallah denken.

Ich hatte ihn im Schlamm getroffen, lange bevor Flüchtlinge die deutschen Schlagzeilen prägen, am Rand eines Autobahnkreuzes irgendwo kurz vor Jordaniens Hauptstadt Amman. Der Winter in nahöstlichen Wüstengegenden kann grausam sein. Abdallah friert. Man sieht es in seinem Gesicht, an den Lippen, den schmalen, zitternden Händen seiner Kinder. Später bezweifeln manche Kommentarschreiber auf Twitter und Facebook, dass man im Nahen Osten überhaupt frieren kann. Sie sollten vielleicht selbst mal so eine Dezembernacht erleben an dieser Autobahn. Wenn der Nieselregen in die Glieder steigt, das Feuer längst erloschen ist, durch die Plastikplane ein eisiger Wind pfeift. Und die Kinder fragen: «Papi, wie lange müssen wir hierbleiben?» Wo warme Stiefel dringend nötig wären, sitzen Abdallahs Töchter barfuß im Zelt.

An den Rändern der Ausfallstraßen und in heruntergekommenen Wohnungen: wer hinsieht, entdeckt überall in Jordanien das Elend der syrischen Flüchtlinge. Selbst die größten Auffanglager bieten nur einem Bruchteil von ihnen Platz. Über eine halbe Million Menschen versucht sich allein durchzuschlagen, schätzt die UNO, als wir hier 2013 unterwegs sind. Sie sind kaum erreichbar für die Hilfsorganisationen, aber fest im Griff von Kälte, Wind und Schnee.

Wer irgendein Dach über dem Kopf hat, kann glücklich sein, auch wenn das Gebäude völlig heruntergekommen ist. Faruk teilt sich ein einziges Zimmer mit seiner Familie, zehn Menschen auf engstem Raum. Der Heizofen ist ein Geschenk der Nachbarn – und das einzige Möbelstück. Drei Generationen zehren von der Erinnerung an ein Leben, das der Bürgerkrieg zerstört hat. In Syrien hatten sie ein Haus, in Syrien hatte Faruk als Schlosser ein gutes Auskommen, in Syrien war er jemand.

Gegen die Vergangenheitsform im letzten Satz würde Faruk Einspruch anmelden. Er fand meine Frage nach seinem Leben vor der Flucht schon damals falsch formuliert. Sie sind zwar gerade vor einem entsetzlichen Bürgerkrieg geflohen, und niemand kann ihnen sagen, wie lange sie mittellos in Jordanien würden bleiben müssen, aber selbstverständlich *ist* er Schlosser, und er *hat* ein Haus in Syrien. Das ist ein entscheidender Unterschied, wenn man die Hoffnung nicht aufgeben will.

Sie sind jetzt erst mal in Sicherheit, aber man kann spüren, wie schwer es der Familie fällt, mit der Situation klarzukommen. Die Flucht vor dem Krieg hat sie nicht nur aus der gewohnten Umgebung gerissen, sondern auch zu Almosenempfängern gemacht. «Wir leben wie Bettler», sagt der Schlosser leise. Und dann noch leiser: «Wir haben kein Geld, um Medizin für meine Mutter zu kaufen.»

Faruks greiser Vater hatte uns die Tür geöffnet, und ich werde diesen ersten Eindruck nicht vergessen: Wir sind gekommen, um eine Flüchtlingsfamilie in schwerer Not zu filmen, und da steht ein stolzer Herr im Treppenhaus, mit korrekt gebundener Krawatte über dem rosafarbenen Hemd, und bittet uns hinein. Sie haben nur ein Zimmer, aber wir sind ihre Gäste.

Die Begegnung mit Faruk und seiner Familie ist mehr als nur ein Interview für die Abendnachrichten. Sie ist wichtig, um das Schicksal der Menschen und letztlich das gesamte Flüchtlingsdrama rund um Syrien richtig zu verstehen. Diese Familien hier sind nicht losgezogen auf der Suche nach etwas Besserem. Sie gingen, weil sie befürchten mussten, es würde noch schlimmer kommen. Sie haben viel verloren, aber die Würde soll ihnen bleiben. Sie möchten niemandem zur Last fallen und möglichst wenig auffallen, aus Angst, Jordanien könnte sie wieder zurückschicken. Der kleine Sohn der Familie, ziemlich blass im Gesicht, sitzt in einer Ecke: «Meine Eltern wollen nicht, dass ich draußen spiele.»

Erst als niemand realistischerweise mehr Hoffnung haben konnte, dass es bald besser werden würde, konfrontiert also mit der Aussicht, viele Jahre so verbringen zu müssen, ohne Beschäftigung, ohne Schule für die Kinder, ohne jede Perspektive – erst dann begannen Zigtausende Familien nach einem Ausweg zu suchen. Und nach dem Weg gen Europa.

Jahre danach geben die politische Verantwortlichen, darunter auch Bundeskanzlerin Angela Merkel, zu, sie hätten die sich anbahnende Flüchtlingstragödie rund um Syrien viel zu spät wirklich erfasst. Selbstkritik ist selten bei Politikern und deshalb umso begrüßenswerter. Aber in diesem Fall macht sie auch stutzig: Denn schon lange bevor die Flüchtlingskrise alle anderen Nachrichten in den Schatten stellte, gab es Schicksale wie das von Abdallah und Faruk im Fernsehen zu sehen.

Seit 2011 ist Syrien zentrales Thema für Nahost-Korrespondenten. Und eines, das sie verzweifeln lässt. Es war das größte Dilemma, vor dem ich je als Reporter stand. Nirgendwo sonst hatte ich das Gefühl, so nah an einer erschütternden Geschichte dran zu sein und gleichzeitig so weit weg. Und nirgendwo sonst ist mir so ein Fehler passiert wie damals dort.

Drehen wir die Zeit kurz zurück und versetzen uns in den Frühling 2011. Syrien war bis zu diesem Zeitpunkt zwar ein mit harter Hand regierter Staat, aber eben auch ein Urlaubsziel, mit Weltkulturerbe-Stätten an jeder Ecke. Als Tourist schien mir selbst in friedlichen Zeiten die Atmosphäre ein wenig beklemmend, ich hatte bei Gesprächen im Basar oder auf langen Busfahrten immer das Gefühl, in einem Polizei- und Geheimdienststaat unterwegs zu sein. Aber ich kenne auch viele, die Syrien als den Höhepunkt ihrer Arabienreise empfanden. Jedenfalls konnte sich damals niemand vorstellen, in welchem Blutbad dieses Land versinken würde.

Am Anfang steht noch viel Hoffnung: Der «Arabische Frühling», die Revolten und Revolutionen, die eine ganze Region erfasst haben, inspirieren auch viele Syrer. In der Stadt Dara'a, an der Grenze zu Jordanien, gibt es erste Demonstrationen gegen die Regierung von Präsident Baschar Al-Assad. Es sind Schüler, die mehr Freiheit fordern, Kinder, die regimekritische Slogans an Hauswände malen. Doch die Regierung greift brutal durch: Wer Kritik übt, kommt ins Gefängnis, es gibt kein Pardon, egal, wie jung die Verhafteten sind. Vergeblich fordern die Eltern, dass ihre Kinder freigelassen werden. Die Proteste weiten sich aus. Kurz darauf kommen die ersten alarmierenden Berichte über Lebensmittelblockaden, Scharfschützen und Folter.

Für unser TV-Team ist klar: Wir müssen hin, so nah heran wie irgendwie möglich – und landen erst mal im verschlafenen jordanischen Grenzort Ar Ramtha[*]. Die Jordanier haben die Krankenhäuser der Region in Alarmbereitschaft versetzt, in den Schulen werden Klassenzimmer frei geräumt. Jordanien erwartet eine Flüchtlingswelle aus dem Nachbarland. Flüchtlingswelle? Zum ersten Mal höre ich dieses Wort im Zusammenhang mit Syrien, aber noch mache ich mir keine besonderen Gedanken, noch ist hier kaum ein Flüchtling zu sehen. Wir zeigen die Vorbereitungen abends im Fernsehen.

---

[*] Eine von Jordaniens «vergessenen» Städten. Ausnahme ist das **King Café** am Kreisverkehr der Rt 25 im Stadtzentrum. Der Kaffee hier hält nächtelang wach. Süßer und stärker geht es nicht.

«Flüchtlingswelle» – kein Zuschauer ahnt in diesem Moment, wie sehr sie mal ganz Europa in Atem halten wird.

Die Menschen auf der jordanischen Seite sind aufgewühlt. Am Grenzposten eine kleine Demonstration: Die Nachbarn hier wollen zeigen, dass sie mitfühlen mit den Aufständischen nur ein paar Kilometer entfernt. Da ist viel arabisches Pathos dabei, aber auch echte Sorge. «Wir verteidigen euch mit unserem Blut und unserer Seele» steht auf den Spruchbändern. Dabei wissen sie genau, wie wenig sie tun können. «Dara'a hat den Weg in die Freiheit gesucht», sagen die Jordanier. Sie sagen auch: «Wenn nicht ein Wunder geschieht, führt der Weg in den Tod.»

Auf einem staubigen Parkplatz an der Grenze schneiden wir unsere Beiträge. Cutterin Sabine kauert mit dem Laptop im Schein einer Straßenlaterne. Dort baumelt ein Kabel herunter – nicht besonders vertrauenserweckend. Aber das ist nicht der Ort für deutsche Elektronormen. Und wir brauchen dringend Strom. Das klapprige Übertragungsmobil, das die Live-Schalten nach Deutschland ermöglichen soll, wird noch von einer Herde Ziegen belagert, die offenbar Gefallen gefunden haben am Rost der seitlichen Schiebetür. Ein arabisches TV-Idyll. Aber dafür fehlt uns der Blick. Jeder im Team ist unruhig. Wir wissen: Zwischen der Brisanz der Ereignisse und den verfügbaren Informationen darüber klafft eine verstörend große Lücke. Wir versuchen unser Bestes und spüren, dass das nicht reicht.

Als es dunkel wird, wenigstens ein kleiner Blick auf das, was da vor sich geht im Reich des Baschar Al-Assad. Wir sind auf das Flachdach eines leer stehenden Hauses geklettert und gucken hinüber auf die syrische Seite. Vor einer Hügelkette dort sind Feuer zu sehen. Und Geräusche zu hören, die wie Explosionen klingen. Dara'a ist nur ein paar Kilometer entfernt. Die jordanischen Nachbarn werden nervös. Sehr ungewöhnlich, sagen sie. Kein gutes Zeichen.

Die beunruhigendsten Nachrichten kommen per Telefon. Mohammad Trad wohnt direkt an der Grenze, er hat seine Verwandten auf der syrischen Seite erreicht – was sie erzählen, macht große Sorgen: «Tausende wurden verhaftet und auf Sportplätze gebracht. Die sind wie ein Gefängnis geworden, bewacht von der Armee.»

Am Satellitentelefon erreichen wir einen syrischen Menschenrechtler, der angibt, direkt aus Dara'a zu berichten. «Ja, es gibt Explosionen, und es wird von Panzern geschossen. Ich sehe das von meinem Haus, es gibt so viele Tote.»

Übertreibt der Mann? Hat er die Leichen, von denen er berichtet, wirklich selbst gesehen? Wir können es nicht nachprüfen. Sabine versucht, im ersten Stock eines halb eingestürzten Rohbaus an der Grenze ins Internet zu kommen, um das Wetterradar zu checken. Wir wollen ausschließen, dass die Blitze auf der syrischen Seite schlicht von einem Gewitter stammen.

Es ist Krisenberichterstattung, die uns hilflos improvisiert vorkommt: Wir filmen Mobiltelefone und schneiden die flehenden Stimmen mit, die aus dem Hörer dringen. Bis die Leitung abreißt und eine Ansage des Netzbetreibers mitteilt: «Zurzeit ist keine Verbindung möglich.»

Die Schlagbäume am syrischen Grenzposten sind heruntergelassen. Nur manchmal kommen noch Reisende durch, sie wirken eingeschüchtert und verängstigt. «Wenn wir jetzt im Fernsehen reden», sagen sie uns, «dann ist das wie ein Todesurteil.» Auch auf der jordanischen Seite gebe es überall Spitzel des syrischen Geheimdienstes. Und der Diktator in Damaskus sei ja noch an der Macht. Am Autobahnkontrollpunkt* zwischen beiden Staaten halten wir Lastwagen an, deren Fahrer im Transit durch Syrien gefahren sind. Sie berichten von einem Land im Kriegszustand, von Checkpoints,

---

* **Jaber Crossing**, großes Grenzterminal an einer der wichtigsten Überlandrouten des Nahen Ostens. Schauplatz von erbitterten Kämpfen im weiteren Verlauf des syrischen Bürgerkriegs – bis heute.

Soldaten und schweren Waffen entlang der Strecke aus Damaskus. Auch von iranischen Söldnern, die an der Seite des Regimes kämpfen, ist bereits die Rede. Das ist eine von vielen Beobachtungen, die sich später bestätigen sollten und eine Tatsache, die für den Verlauf des Krieges entscheidende Bedeutung hat. Vor die Kamera will von den Augenzeugen aber niemand. Schließlich stoppt ein Taxi, syrisches Kennzeichen, der Fahrer stammt aus Dara'a. Die Angst steckt ihm in den Knochen, aber er lässt sich zumindest von hinten filmen: «Sie werden unsere Stadt vernichten, die Soldaten schießen auf Unbewaffnete, es gibt keine Medizin mehr, kaum etwas zu essen, niemand darf rein, niemand raus.» Die aufständischen Städte erst zu belagern, dann auszuhungern, das scheint die Strategie zu sein.

Und wir? Stehen auf der sicheren Seite der Grenze, während alles darauf hindeutet, dass, nur ein paar Kilometer entfernt, die Einwohner ganzer Ortschaften massakriert werden. Ich berichte, welche Horrorgeschichten ich am Telefon gehört habe, über Massenverhaftungen und Massengräber und von Menschen, denen die Todesangst ins Gesicht geschrieben steht – und muss immer dazu sagen, dass ich all das nicht überprüfen kann. Es ist eine Situation, die weh tut.

«Du bist ganz nah dran, aber bekommst Nachrichten doch nur aus zweiter Hand», fasst Claus Kleber in einem «heute-journal»-Live-Gespräch das Dilemma zusammen. Er hat recht, aber als Reporter spürt man da einen Stich in der Magengegend, weil Moderator und Zuschauer selbstverständlich mehr erwarten können als Informationen vom Hörensagen.

In Zeiten globaler Vernetzung haben es die syrischen Machthaber damals in einem erstaunlichen Umfang geschafft, ihr Land abzuschotten. Der Syrien-Krieg wird in die Geschichte eingehen als ein Blutbad – und als eine Propagandaschlacht, in der unabhängige Beobachter von Anfang an kaum eine Chance hatten. Ausländische

Journalisten sind unerwünscht, die aufständischen Regionen tabu und die Arbeit dort lebensgefährlich. Das Regime will keine Zeugen für das, was gerade im Land passiert. Es hat seine Gründe. Später entwickelt sich auf allen Seiten ein Krieg der falschen Fährten, bezahlten Propagandisten und manipulierten Bilder. Wirklich absehbar ist das alles zu diesem Zeitpunkt, im Frühjahr 2011, noch nicht. Der Krieg fängt gerade erst an.

Wer in Syriens Städten damals eine Kamera dabeihat, muss das Schlimmste fürchten. Die sehr Mutigen filmen mit Handys. Ihre Videos zeigen, wie überall im Land Zehntausende auf der Straße für Freiheit demonstrieren. Und welche Folgen das hat: Menschen in Blutlachen, ein Kind mit zerschmettertem Schädel.

Wir treffen einen mutigen Mann aus Syrien, der reden will, unbedingt, aber dabei auf keinen Fall erkannt werden darf. Er ist auf einer verzweifelten Mission. Auf Schleichwegen ist er aus Syrien nach Jordanien gekommen, in seinem Schuh versteckt: ein USB-Daten-Stick. Er will Bilder schmuggeln, raus aus Syrien, um der Welt zu zeigen, was dort wirklich passiert. «Niemand bekommt unser Leid mit, die Welt sieht uns nicht. Zu Hause hat man uns den Strom abgestellt, damit keiner die Handys aufladen kann, um damit zu fotografieren.»

Er hat einen Sohn in Syrien, er weiß, dass er auch den in Gefahr bringt mit seiner Aktion. Das nimmt er in Kauf, für die Chance, dass sein Sohn mal ein besseres Leben haben wird. Diese Chance wird immer kleiner.

Gleichzeitig werden die Hilferufe immer drängender: Wo bleibt die Welt? Warum steht ihr uns nicht bei? Wo ist Obama? Wo sind die Vereinten Nationen? Warum wird in Libyen eingegriffen und in Syrien nicht? Das sind die verzweifelten Fragen von Oppositionellen am Telefon. Sie sagen: «Wir werden von unserem Diktator verfolgt, massakriert – und alle gucken zu und tun nichts.»

Dann hören wir, dass es neue Bilder geben soll, ganz aktuell und extrem verstörend. Kollegen vom dänischen Fernsehen haben eine Frau getroffen, die aus Syrien über die Grenze kam und Videomaterial dabeihat, auf dem Männer in Uniform zu sehen sind, die Gefangene misshandeln. Mit langen Keulen schlagen sie auf Wehrlose ein, an ihren Stöcken sind Nägel befestigt. Die dänischen Kollegen haben das Material einer renommierten Menschenrechtsorganisation gezeigt, die davon ausgeht, dass es echt ist. Unsere arabischen Kollegen meinen bei dem, was dort geschrien wird, einen syrischen Akzent herauszuhören. Die Bilder würden passen zu dem, was wir seit Wochen von Syrern über die Ereignisse in ihrem Land berichtet bekommen. Wir beschließen, sie während einer Live-Schalte im ZDF-«Morgenmagazin» zu zeigen.

Ich stehe also neben unserem Ü-Wagen im staubigen Niemandsland an der Grenze, die Sonne brennt schon morgens gnadenlos vom Himmel. Insgesamt knapp vier Minuten dauert das Live-Gespräch, während 40 Sekunden davon werden neben mir die Bilder der Uniformierten mit ihren Schlagstöcken eingeblendet. Ich sage: «Wir können nicht unabhängig kontrollieren und überprüfen, wo genau diese Videos entstanden und wann genau sie entstanden sind. Das entzieht sich unserer Macht.»

Wie entscheidend dieser Satz ist, wird erst danach klar. Als sich herausstellt: Die Bilder sind auch im Internet zu finden, sie stammen nicht aus Syrien, sondern aus dem Irak, und sie sind alt.

Der Fehler hängt mir nach. Bis heute führen ihn Unterstützer des syrischen Diktators in sozialen Medien als Beleg an, dass die Berichte über Gräueltaten des Regimes reine Erfindung von Journalisten seien. Diesen Propagandisten habe ich in die Hände gespielt, ihnen unnötigerweise ein Argument geliefert, mit dem sie ihre Behauptung untermauern können – und damit den Ungezählten, die in Syrien *tatsächlich* misshandelt und gefoltert wurden, Unrecht getan. Von unserer Richtigstellung ist in den betreffenden Facebook- und Twitter-Posts nichts zu lesen.

Am Tag danach werde ich wieder ins «Morgenmagazin» geschaltet, zur Korrektur – etwas, das keinem Journalisten leichtfällt. Solche Fehler sollten nicht passieren, aber sie tun es, und am meisten ärgert sich derjenige darüber, auf dessen Konto sie gehen. Wir haben im Team viel diskutiert, und ich habe ziemlich lange darüber nachgedacht. Die Situation hatte uns enorm unter Druck gesetzt. Auf der einen Seite: verzweifelte Hilferufe, niederschmetternde Augenzeugenberichte, die Ahnung, da geschieht gerade etwas Fürchterliches. Auf der anderen: Bilder aus zweiter und dritter Hand, berichten im Konjunktiv, keine Chance, selbst zu filmen. Es ist das Unbefriedigendste, was einem Reporter passieren kann. Die eskalierende Situation in Syrien sollte ihren Platz in den Nachrichten bekommen, die Redaktionen erwarteten Bilder, und der Korrespondent war mit dem Anspruch vor Ort, diese liefern zu können. Ich habe mir angesichts dieses Dilemmas auch selbst zu viel Druck gemacht und zu wenig Zeit gelassen.

Mittlerweile haben in allen großen Fernsehsendern Spezialisten gut zu tun, die Videos aus unsicheren Quellen auf ihre Glaubwürdigkeit prüfen. Im Internet sind manipulierte Bilder ein echtes Problem, es gibt gerade dort aber auch immer mehr Anlaufstellen, die es sich zur Aufgabe gemacht haben, entscheidende Video-Dokumente eingehend zu analysieren. Eine komplizierte Arbeit, mit der man sich nicht nur Freunde macht, aber eine ungemein wichtige.

«Das erste Opfer des Krieges ist die Wahrheit.» Der Satz stimmt: Propaganda gehört bei allen Parteien in einem Konflikt zur Strategie. Die Lehre daraus für Journalisten: deutlich machen, an welchen Stellen man selbst unsicher ist, wo auch intensive Bemühungen keine Klarheit schaffen konnten. Und wenn ein Fehler passiert: offenlegen, warum er passiert ist, und dafür sorgen, dass er so nicht wieder passiert. Es mag paradox klingen, aber Medien, die zu ihren Unzulänglichkeiten stehen, kann ich tausendmal mehr vertrauen als denen, die nach außen hin immer alles richtig machen.

Die Flucht. Im Fernsehen

Das Schlimmste ist das Wimmern der Kinder. Bevor man irgendetwas von ihnen sieht, sind sie zu hören. Leises Schluchzen im Dunkel. Niemand weint, niemand schreit. Wahrscheinlich sind sie dafür längst zu schwach, zu viel haben sie erlebt. An der Hand der Eltern über staubige Feldwege, stundenlang, mit kleinen Trippelschritten auf kurzen Beinen, versuchen sie irgendwie mitzuhalten. Wer hinfällt, bekommt schon mal eine kräftige Ohrfeige vom Vater. Und selbst dann: nur leises Wimmern. Die Allerkleinsten, mit großen Augen, auf dem Weg in ein neues, fremdes, unsicheres Leben. Am Himmel steht ein voller Mond, es ist eine laue Spätsommernacht 2015 an der Grenze zwischen Serbien und Kroatien. Und durch die Maisfelder zieht diese menschliche Karawane, die kein Ende nimmt.

Wir haben die Kamera längst weggepackt, aber unsere Augen können wir nicht abwenden. Die Bilder für die Nachrichten sind längst gedreht, aber an Schlafen ist nicht zu denken. So etwas hat von den Reportern am Wegesrand noch niemand erlebt – eine Flüchtlingswelle von historischer Dimension. Das sind die Schicksale hinter den Statistiken der Grenzschutzbehörden und Aufnahmeämter. Aus der Entfernung lässt sie der Schein ihrer Handybildschirme wie Glühwürmchen wirken, ganz viele Glühwürmchen am Horizont. Sie grüßen höflich aus erschöpften Gesichtern, fragen nach dem Weg. Dieser Trampelpfad über Grenzen hinweg soll für sie die Route in ein besseres Leben sein. Und egal, wie man politisch denken mag: Über dieser Nacht im Maisfeld auf dem Balkan, im Angesicht zigtausendfacher Verzweiflung und genauso großen Erwartungen, das Wimmern der Kinder im Ohr, steht die Frage: Wie kann das funktionieren?

Mein ZDF-Reporter-Kollege und ich schauen uns an. Wir haben keine Antwort. Wahrscheinlich hat niemand zu diesem Zeitpunkt eine Antwort. Zumindest nicht auf die ganz große Frage, und es gibt noch so viele kleinere. Fast jeder Flüchtling, der an uns vorbeizieht, hat eine: «Wo können wir etwas Wasser bekommen?» – «Führt dieser Weg in Richtung Westen?» – «Darf ich in Deutschland studieren?» So viele Hoffnungen, Erwartungen, Träume. Wie viele werden davon in Erfüllung gehen?

Am meisten beeindruckt mich die stille Gelassenheit der Menschen in dieser Ausnahmesituation. Man muss sich das mal vorstellen: die Strapazen, Enttäuschungen und Hunderte Stunden des Wartens. Es ist heiß in diesem südosteuropäischen Sommer, und erschöpft sind sie alle, die Augen müde. Aber obwohl hier Abertausende unterwegs sind, ist weniger Aggressivität zu spüren als in der Fußgängerzone am Einkaufssamstag. Dafür immer wieder: Winken, Lächeln, ein Gruß. Salam alaikum. Es ist beinah beschämend.

Wie üblich an den Brennpunkten des internationalen Nachrichtengeschehens läuft bei der Presse ein Schauspiel der besonderen Art. Entlang der Feldwege in Richtung Europäische Union haben die Fernsehsender ihre Kameras aufgebaut. Eine lange Reihe von Scheinwerfern strahlt um die Wette. Wild bemalte Lastwagen versprechen «Breaking News» und «24h Nonstop Live». Von ihren Dächern aus beamen Satellitenschüsseln die Bilder der Massenflucht erst hoch ins All und dann wieder hinunter in alle Länder der Welt.

Wir haben Glück, dass uns ein kroatischer Bauer mitten in der Nacht sein kleines Extrazimmer vermietet. Er hat wohl Mitleid, auch mit den Reportern. «Es ist nicht besonders komfortabel, aber ich gebe euch eine Runde Weizenbier dazu aus. Das kommt auch aus Deutschland.» Die Hotels ringsherum sind längst ausgebucht. Die großen weltweiten Nachrichtensender belegen immer gleich komplette Etagen mit ihren Kameraleuten, Producern und Technikern. In langen Reihen am Straßenrand haben die Reporter ihre Mietautos geparkt, für viele von ihnen jetzt so etwas wie das zweite Zuhause. Auf den Sitzen: alte Zeitungen, Aufladekabel, Cola-Dosen und Regenjacken. Der Aufkleber an der Seitenscheibe, der an das Rauchverbot erinnern soll, ist längst Makulatur.

Ich habe schon häufiger Menschen in schwierigsten Situationen erlebt und über sie berichtet – das hier ist anders, auch für uns Journalisten. Vielleicht, weil es so unmittelbar vor der eigenen Haustür geschieht, mitten im reichen Europa. Auf der kroatischen Seite der Grenze hat die Europäische Union die Straßen frisch geteert, überall werben Schilder für das nächste gemütliche Weinlokal. Ein Idyll.[*]

Jetzt aber begegnen uns hier orientierungslose Familien im Gänsemarsch, am Ende ihrer Kraft. Kroatiens Polizei hatte sie erst stundenlang auf einem Feld festgehalten, dann ziemlich planlos hin und her gefahren. Schließlich haben die Behörden angesichts des nicht enden wollenden Zustroms offensichtlich kapituliert. Zumindest wurden die Menschen mitten in der Nacht einfach losgeschickt, mit einer Handbewegung der Beamten in Richtung Norden: «Dort entlang geht's nach Deutschland.» Und jetzt stehen sie entgeistert an der Leitplanke. Wir treffen die Familie eines Mechanikers aus der Nähe von Damaskus, dessen Bild von mitteleuropäischem Organisationsvermögen gerade ins Wanken gerät. Der Mann hat durchaus Geld dabei, und er hat die Transportsysteme seiner Heimat im Kopf, als er uns morgens um halb vier an einer einsamen Landstraße im Osten Kroatiens fragt: «Wo kann ich hier ein Taxi rufen?»

Es gibt später eine Menge Kritik an der generellen Berichterstattung über die Flüchtlingskrise und immer wieder den Vorwurf, gepaart mit einem Verdacht: Es seien doch fast nur Männer unterwegs gewesen, warum im Fernsehen dann immer Kinder gezeigt würden.

---

[*] Typisch ist der alte Gutshof **Villa Iva** mit Restaurant und Zimmern inmitten der Reben. Brennpunkt der Flüchtlingskrise war die Region an den Donau-Auen rund um das 3000-Einwohner-Dorf Tovarnik.

Kinder stehen in der Tat schnell im Zentrum der Berichterstattung, besonders in Krisensituationen. Der Grund ist ziemlich
menschlich: Wenn Kinder betroffen sind, wenn selbst sie leiden
müssen, sagt das einiges über die Dramatik einer Situation. Und natürlich fällt der Blick sofort auf das, was die Allerkleinsten durchma-
chen. Deshalb kann jeder einzelne Fall eines Kindes in Not gerade in
einer unübersichtlichen Lage viel erklären. Fernsehen funktioniert
da ziemlich einfach. Genauso wie beim Gespräch über das Schicksal
eines nahen Bekannten am Abendbrottisch braucht es Menschen,
mit denen man sich verbunden fühlen kann. Entscheidend ist dabei
nur, dass diese Beispiele eben keine außergewöhnlichen Einzelfäl-
le darstellen, die bewusst herausgegriffen und künstlich überhöht
wurden. Wichtig ist auch die begleitende nüchterne Information
über die Gesamtbilanz, untermauert mit genauen Statistiken – nur
brauchen die Zeit und sind in einer katastrophalen Lage direkt vor
Ort naturgemäß erst mal nicht zu bekommen.

Wir haben nicht exakt durchgezählt, aber wir fanden es auffällig,
wie viele Kinder in diesen Herbsttagen 2015 auf der Flüchtlingsrou-
te via Balkan unterwegs waren. Dennoch haben wir für die Abendnachrichten einen jungen Mann aus Afghanistan porträtiert, der allein unterwegs war und dessen Schicksal ebenfalls beispielhaft ist.

Die Geschichte beginnt in Serbien, «Balkanroute», dort treffen
wir Barkat zum ersten Mal. Der junge Mann im roten Polohemd
war in Afghanistan Übersetzer für die US-Armee. Wo andere Katzenvideos speichern und romantische Sonnenuntergänge, hat er
auf seinem Handy eine Fotosammlung des Grauens: aufgenommen
unmittelbar nach einem Bombenanschlag auf seinen Militärkonvoi.
Vier solcher Attacken habe er überlebt, erzählt er uns. Die Soldaten direkt neben ihm im gepanzerten Transporter hatten weniger
Glück. Die Fotos auf dem Handy sollen ihm jetzt als Beweis dienen.
Er will zeigen können, was er durchgemacht hat und warum er vor
den Attacken der Taliban fliehen musste. Die lynchen jeden, der den

Amerikanern half. Aber die USA zeigen ihrem einstigen Dolmetscher die kalte Schulter. Als wir Barkat in Serbien kennenlernen, hat er bereits vier Wochen Flucht hinter sich, sieben Länder durchquert und ein klares Ziel vor Augen: Deutschland. Mit Horrorfotos im Gepäck als Starthilfe für ein neues Leben.

Wir begleiten ihn auf Trampelpfaden durch die Kornfelder von Serbien nach Kroatien. Längst hat sich eine kleine Gruppe um ihn geschart. «Aufpassen, aufpassen», ermahnt er sie immer wieder. «Es gab hier wohl mal einen Krieg, und es liegen immer noch viele Minen hier, deshalb sollten wir sehr vorsichtig sein.»

Barkat erzählt uns von seinen Plänen, er will wissen, welche Universität in Deutschland einen guten Ruf hat. Der 23-Jährige aus Afghanistan sagt: «Ich will noch so viel lernen.» Er hat bereits jetzt viel gelernt über dieses Europa. Viel friedlicher hatte er es sich vorgestellt, mit weniger Grenzen, weniger Polizei. Umso größer der Schock, als kroatische Einsatztrupps plötzlich den Weg versperren. Ein weißer «Policija»-Lieferwagen lädt die Flüchtlinge ein. Die Beamten ahnen, dass ihr Land von alldem überfordert ist. «Es ist furchtbar», sagt der Einsatzleiter in unser Mikrofon und hat dabei Mühe, seine Tränen zu verbergen. «Wenn jemand seine Heimat verlassen muss, dann ist das eine Katastrophe. Ich wünsche diesen Leuten alles Glück der Erde.»

Aber wohin sie jetzt gebracht werden, kann keiner den Flüchtlingen sagen. In Barkats Augen Panik: Werden ihn die Kroaten zurückschicken, nach all dem, was er durchgemacht hat? Wir sind uns fast sicher: Wir werden ihn nie wiedersehen.

Ein paar Wochen später, pling, via Facebook die Nachricht: «Ich bin in Birkenfeld.» Wir schauen auf die Landkarte. Was für ein Zufall! Der Mann aus Afghanistan hat es tatsächlich bis nach Rheinland-Pfalz geschafft, gleich um die Ecke vom ZDF. Wir entscheiden: An dieser Geschichte bleiben wir dran. Noch mal werden wir ihn nicht aus den Augen verlieren.

Selten war nachhaltiger Journalismus so nötig wie bei diesem Thema. Hunderttausende sind betroffen, ihre Geschichten ziehen sich über viele Jahre. Eine Herausforderung für die Branche, die von Abwechslung lebt und dem ständigen Suchen nach der nächsten «großen Nummer».

Der Fotograf Daniel Etter hat ein Bild gemacht, das zu einem Symbol der Flüchtlingskrise wurde: Ein kräftiger Mann steigt nach lebensgefährlicher Überfahrt aus einem Schlauchboot, die Kinder an sich gedrückt, die Frau an seiner Seite. Er hat es geschafft. Und er weint. Für dieses Foto, das in der «New York Times» erschien, hat Etter den Pulitzerpreis gewonnen, die begehrteste Journalistenauszeichnung der Welt. Das Foto hat eine ikonenhafte Klarheit, es sagt so viel und brennt sich ein ins Bewusstsein. Doch im Leben der abgebildeten Familie ist es nur eine winzige Momentaufnahme. Wie es für sie weiterging, wird daraus nicht klar. Der Fotograf hat deshalb etwas getan, was im Grunde gar nicht so kompliziert ist und dennoch außergewöhnlich: Er ist drangeblieben. In einem Artikel für das «SZ-Magazin» recherchiert er den Weg der Familie nach und stößt dabei auf Widersprüche und Bauchentscheidungen, auf Verständliches und Nichtnachvollziehbares. «An ihrer Geschichte zeigt sich, wie wenig sich das Schicksal von Flüchtlingen in die schwarz-weißen Kategorien pressen lässt, die immer wieder herangezogen werden, um die vielen Flüchtlinge zu erklären. Wer ist Wirtschaftsmigrant? Wer ist Kriegsflüchtling? Wer darf auf ein besseres Leben hoffen, wer muss zurück?» Daniel Etters Erkenntnis: «Der Versuch, diese Fragen zu beantworten, führt unweigerlich in Grauzonen.»

Es ist wie so oft: Je mehr man erfährt, desto weniger eindeutig wird das Bild. Und gleichzeitig: desto wahrer.

Unser Beispiel soll Barkat sein. An seiner Biographie wollen wir den Zuschauern zeigen, was ein Flüchtling in Deutschland erlebt, einer von Hunderttausenden in diesem Herbst 2015. Das Ganze ist weder geplant noch repräsentativ: Genau wie Barkat selbst haben wir keine Ahnung, wie es weitergehen wird.

Der ZDF-Kollege Christian Semm fährt mit seiner Kamera nach Birkenfeld. Und trifft dort erst mal auf Hindernisse. Die Sammelunterkunft für Flüchtlinge lässt ihn nicht hinein, und filmen darf er dort schon gar nicht. Schließlich trifft er Barkat in der Stadt. «Ich bin glücklich, dass ich sicher hergekommen bin» ist der erste Satz, den wir von dem Geflüchteten an diesem Abend in den Nachrichten senden. Aber es gibt auch eine schockierende Nachricht aus der afghanischen Heimat: «Die Taliban haben meinen Onkel und Cousin entführt, meinen Cousin haben sie erschossen – ohne Grund.» Barkat muss schlucken und fasst sich gleich wieder: «Es muss weitergehen.» Christian filmt ihn beim ersten Friseurbesuch seit Wochen: der Flüchtling aus Afghanistan in einem pfälzischen Provinzsalon. Wann er sich das letzte Mal so entspannen konnte, weiß er nicht mehr. So schnell wie möglich Asyl zu beantragen und in eine größere Stadt zu ziehen sind seine Ziele. Der Ehrgeiz ist noch immer da: «In fünf Jahren hätte ich gerne mein Studium beendet, meine Familie hier und ein geordnetes Leben.»

Doch es soll anders kommen.

Unmittelbar nachdem der Bericht über ihn in den «heute»-Nachrichten läuft, bremsen zwei Polizeiwagen und ein Taxi vor dem Flüchtlingslager in Birkenfeld. Barkat erzählt, wie ihm die Beamten zehn Minuten Zeit geben, um seine Sachen zu packen, dann hätten sie ihn ins Taxi gesetzt, jeweils ein Streifenwagen davor, einer dahinter, los geht die Fahrt, nach Hermeskeil, eine halbe Autostunde entfernt. Das Notlager dort ist überlastet, für den Neuen ist nur Platz in einem Massenzelt. Barkat versteht die Welt nicht mehr. Erst später erfahren er (und wir) den Grund für die überstürzte Aktion: In einem Gespräch, das in Erinnerung bleibt, weil der Mann die meiste Zeit ins Telefon brüllt, erklärt uns der Leiter der Flüchtlingsunterkunft in Birkenfeld, er habe sich nicht mehr sicher gefühlt, weil Barkat im Fernsehen über die Bedrohung seiner Familie zu Hause durch die Taliban berichtet habe. Jetzt bestehe die Gefahr, dass Taliban-Kämpfer auch in Birkenfeld bomben würden. Deshalb habe Barkat sofort verlegt werden müssen. Wir versuchen die abenteuerliche Mischung aus Gerüchten und Missverständnissen aufzuklären, haben bei dem hochnervösen Beamten aber keine Chance. In den zuständigen Behörden liegen die Nerven blank in diesem deutschen Ausnahmeherbst.

Auf Barkat wartet eine Odyssee: Aus Hermeskeil wird er nach Trier «verlegt», dann Zweibrücken, wieder Trier, schließlich Mainz. Später wird er darüber witzeln: «Keiner kennt Rheinland-Pfalz besser als ich.»

Dann – endlich – ein Schritt nach vorn. Ein ganzes Jahr lang haben die völlig überlasteten Behörden gebraucht, dann ist er an der Reihe: Exakt zwölf Monate nachdem Barkat zum ersten Mal deutschen Boden betrat, kann er sich als Flüchtling registrieren lassen. Erst jetzt kann er seinen Asylantrag stellen. Und erst danach hat er Anspruch auf einen Integrationskurs. Das Warten nimmt ihn mit. «Das vergangene Jahr war ein verlorenes Jahr», sagt er in einem Nachrichtenbeitrag im September 2016, «hätte ich gleich einen Sprachkurs machen können, wäre mein Deutsch jetzt perfekt.» Man sieht Barkat an, wie enttäuscht er ist. Wer ihn nur ein bisschen kennt, kann sich vorstellen, was in dem ehrgeizigen Mann vorgehen muss. Immerhin, ein deutsches Lieblingswort hat er jetzt: *doch*. Laut Duden gibt das Wort «einer Frage oder einem Wunsch eine gewisse Nachdrücklichkeit und drückt in Ausrufesätzen Entrüstung, Unmut oder Verwunderung aus». Barkat hat sich ein sehr passendes Wort ausgesucht.

Ein weiteres Jahr später die Nachricht, auf die er gewartet hat. Das Bundesamt für Migration und Flüchtlinge entscheidet: Barkat bekommt Asyl. Er darf in Deutschland bleiben. Zu diesem Zeitpunkt ist er für die Mainzer Flüchtlingshelfer längst zu einem wichtigen Partner geworden, im Flüchtlingsheim übersetzt er, erklärt und vermittelt. Abends kann man ihn in einer Weinbar in der Altstadt treffen. Der Flüchtling aus Afghanistan hat den «Spundekäs» entdeckt, kulinarisches Abenteuer Rheinhessen.

Dann kommt via Facebook eine Einladung: «Nächsten Sonntag grille ich am Rhein [*], und würde mich freuen, wenn du kommst.»

Das kleine Fest ist schon am Duft zu erkennen: Lammfleischspieße in scharfer Marinade, afghanisches Geheimrezept. Freunde aus dem Flüchtlingsheim sind da, ein paar Deutsche auch, alle haben es sich auf Picknickdecken bequem gemacht, der Rhein glitzert in der Sonne. Es gibt Cola und Bier, aus einem tragbaren Lautsprecher singt Helene Fischer. Schon ein kurzer Blick auf diese Szenerie genügt, um haufenweise Klischees und Vorurteile ins Wanken zu bringen.

Die Feier hat einen Grund, Barkat will seinen Gästen eine überraschende Mitteilung machen: «Ich ziehe in die USA, nächste Woche geht mein Flug.» Mit enormer Verspätung hat sich die Army dann doch an ihren ehemaligen Dolmetscher erinnert. Barkats ehemaliger US-Kommandeur hatte zu Hause Druck gemacht und ein gutes Wort eingelegt. Ergebnis: Es gibt eine Sondergenehmigung, Aufenthaltsrecht, bald sollen Arbeitserlaubnis und die Möglichkeit zu studieren folgen.

Der junge Mann aus Dschalalabad sieht seine Zukunft jetzt in Dallas. «Ich werde nie vergessen, was Deutschland für mich getan hat», sagt er zum Abschied in unsere Kamera. Er werde die Leute vermissen, den Spundekäs – und das Wetter: «Auch wenn ihr Deutschen das nicht so mögt – es ist viel angenehmer als in Afghanistan.» Er sagt auch, um wirklich voranzukommen in seinem Leben,

---

[*] Lieblingsort des jungen Afghanen: Das Rheinufer am **Winterhafen in Mainz**. «Ich mag diese Aussicht.»

hätte er hier noch viel Zeit gebraucht. «Selbst mit einem dunkelroten Pass in der Hand würden sie mich in Deutschland noch Flüchtling nennen. In den USA nicht.»

Es wird wohl unser letzter Film über ihn sein. Händeschütteln, eine kurze Umarmung. Dann dreht sich der Kollege Christian Semm zu Barkat und sagt einen schönen Satz: «Du bist jetzt kein Flüchtling mehr.»

Go!

Am Tag als Prinzessin Diana starb, fuhr ich im Morgengrauen durch die leeren Straßen von Baden-Baden. Auf dem Weg zur Frühschicht beim Radio. SWF3 spielte eine Ballade nach der anderen, mit solchen Schlummerklängen wach zu werden war nicht leicht. Im Sender angekommen, rief ich über die Gegensprechanlage dem Kollegen der Nachtsendung im Studio erst mal ein fröhliches «Aufstehn!» zu und dann die Frage: «Welcher Penner hat denn diese Musik ausgesucht?» Die knappe Antwort: «Mach mal den Computer mit den Nachrichtenagenturen an!»

Das wirkt wie eine historische Begebenheit, aber es ist gar nicht lange her, da waren Nachrichten noch vergleichsweise gemächlich unterwegs, geordnet und zu festgelegten Zeiten. Die volle Stunde im Radio, 19 Uhr, 20 Uhr im Fernsehen. Bis zu diesen markanten Momenten hatten die allermeisten schlicht keine Ahnung, was passiert war. Journalisten hüteten einen Schatz. Sie waren exklusive Boten für eine staunende Öffentlichkeit.

Vorbei.

Der größte und einflussreichste Nachrichtenlieferant der Welt braucht keine Sendezeiten, keine Druckerschwärze – und keine Journalisten. Facebook ist Informationsmedium für fast zwei Milliarden aktive Nutzer und kommt ohne eine einzige Redaktion aus. Was alle diese Menschen auf ihren Displays sehen, in welcher Reihenfolge, und wie oft, bestimmt ein geheimnisumwitterter Algorithmus. Immer wenn Facebook da ein wenig umprogrammiert, bekommen gestandene Medienmanager, deren Unternehmen selbst Rezessionen und Weltkriege überstanden haben, Panik. Und Existenzangst.

Denn an dieser weltumspannenden Plattform führt mittlerweile kaum noch ein Weg vorbei. Ob aus einer seriösen Quelle oder von einer Propaganda-Homepage – in der Facebook-App sehen alle Geschichten gleich aus. Sender und Verlage präsentieren dort ihre Arbeit, gleich neben gezielten Falschmeldungen, Urlaubserinnerungen und Tiervideos. An allem verdient der Social-Media-Gigant, und zwar unverschämt gut. Das ist so genial wie perfide. Facebook kostet kein Geld. Die angesammelten Nutzerdaten und damit auf jeden passgenau zugeschnittene Werbung sind Goldgrube genug. Wer das Geschäftsmodell des Konzerns sucht, muss nur mal kurz in den Spiegel schauen. Da guckt es einen an.

Man tritt dem öffentlichkeitsscheuen Kommunikationsriesen nicht zu nahe, wenn man davon ausgeht, dass die Zusammensetzung des endlosen Newsfeeds vor allem einem Zweck dient: noch mehr Geld zu verdienen. Das dürfte der Grund sein, warum die sozialen Netzwerker bislang kein besonders ausgeprägtes Interesse daran haben, Verleumdungen und Falschmeldungen zu identifizieren; warum Hassparolen, die enorme Verbreitung finden, zunächst mal eine Einnahmequelle sind, und warum Facebook-Mitarbeiter im Hauptquartier von Donald Trump mithalfen, dessen Parolen möglichst effektiv auf die Zielgruppe zuzuschneiden (wie die Verantwortliche für Trumps digitale Kampagne nach der Wahl stolz zugab). Was tut man nicht alles für einen guten Kunden!

Wer glaubt, via Facebook und Co. einen guten Nachrichtenüberblick zu bekommen, oder die Unternehmen gar zu journalistischer Ausgewogenheit verpflichten will, hat die Grundidee sozialer Netzwerke nicht verstanden: den Leuten ständig mehr von dem geben, was sie bereits kennen und mögen. Das ist die Basis ihres Erfolgs. Jeder einzelne Nutzer bekommt eine eigene Version dieser Welt präsentiert. Und eine eigene Wahrheit. Diese «Informationen» verbreiten sich zwar im Rekordtempo, aber ob sie stimmen oder nicht, spielt kaum noch eine Rolle. Viel wichtiger ist, damit die Zustimmung zu einer bestimmten Gedankenwelt kundzutun und die Zugehörigkeit zu einer bestimmten Gruppe.

Die Konsequenzen kann sich jeder ausmalen: Was passiert, wenn nicht mehr gilt, was wahr ist, sondern was der Einzelne für wahr *hält*. Wenn recht bekommen wichtiger ist als recht haben. Natürlich ist die Meinungsblase, die uns da einhüllt, zunächst mal ganz angenehm. Immer bestätigt zu werden, macht Freude. Es macht allerdings auch dumm. Wie spannend sind Diskussionen, bei denen alle derselben Meinung sind?

Die Fernseh-, Radio-, Zeitungs- und Online-Reporter dieser Erde können da ein Angebot machen: Gegen allgemein und schlicht setzen wir genau und raffiniert. Die Social-Media-Apps bieten eine heimelige Blase. Wir nehmen Sie mit in das Abenteuer da draußen. (Wenn's sein muss, übrigens auch via Facebook.)

Rumms. Ich weiß noch exakt, wie ich mich gefühlt habe, damals, als der Fahrstuhl stecken blieb in diesem Hochhaus in Gaza. Die Hitze, die Enge, die aufkommende Platzangst. Und alle paar Minuten dieses komische Geräusch, wenn die Kabine wieder ein klein bisschen weiter nach unten ruckelt. Ich weiß nicht mehr, was genau uns am Ende befreit hat. Irgendjemand muss nach quälend langer Zeit die Tür aufgehebelt haben. Mit einem Sprung in die Freiheit des Zwischengeschosses kann der Tag weitergehen.

Die nächste Überraschung wartet: In Gaza steht Mozarts «Kleine Nachtmusik» auf dem Programm. Ein Star-Dirigent mit israelischem Pass im Reich der Islamisten. Aus den großen Konzertsälen dieser Welt in eine staubige Mehrzweckhalle: Daniel Barenboim ist als Botschafter für den Frieden unterwegs, er setzt sich zwischen alle Stühle in Nahost und macht gerade deshalb einen Unterschied. Viele der aufmerksamen Zuhörer hier haben noch nie ein Cello gesehen, noch nie eine Geige. Auch wenn zwischendurch das Licht ausgeht und die Klimaanlage pfeift – wer bei diesem Konzert dabei war, wird es nicht vergessen.

Nach dem Schlussapplaus frage ich eine junge Frau, die die ganze Zeit mit leuchtenden Augen zugehört hat, nach ihrem Eindruck von Barenboim. «Oh, der Dirigent ist Israeli?», wundert sie sich und überlegt kurz. Wahrscheinlich gehen ihr jetzt all die Kriege durch den Kopf, die Abriegelung und auch die Probleme, die hier jeder bekommt, der Israel nicht umgehend als Todfeind bezeichnet. Dann sagt sie: «Ach, das ist egal, ich bin gekommen, um ihm zuzuhören.»

Wir haben den mutigen Satz abends in den Nachrichten gesendet, und ich habe die Frau bewundert, weil sie den eigenen Eindruck dieses Konzertnachmittags zuließ. Weil sie nicht versucht hat, das Erlebte irgendwie ins gängige Weltbild zu pressen, sondern will, dass ihr Weltbild zum Erlebten passt.

«Reisen heißt entdecken, dass alle unrecht haben mit dem, was sie über andere Länder denken», hat der britische Schriftsteller Aldous Huxley gesagt. Für Journalisten ist das Kritik und Herausforderung zugleich. Es lohnt, die Zuschauer bei der Recherche mitzunehmen, offenzulegen, was unklar bleibt, und vor allem: nicht immer die ultimative Lösung anbieten zu wollen und eine alles umfassende Erklärung – sosehr das dem natürlichen Reflex von Journalisten widersprechen mag. «Lasst uns etwas herausfinden» ist eine faszinierende Grundhaltung für Reporter, und sie führt häufig weiter als «Ich weiß da was».

Verstehen bedeutet nicht, alles zu wissen. Auf der Suche nach dem besten Abbild der Wirklichkeit hilft die Erkenntnis, dass nicht alles, was auf dieser Welt passiert, immer und sofort Sinn ergeben muss. Gerade da lässt sich viel im Nahen Osten lernen, von Menschen wie meinem palästinensischen Kollegen Ahmed. Von ihm stammt der schöne Satz: «Eins und eins kann auch mal drei sein. Es kommt darauf an, welche Eins du meinst. Und welche der andere.»

Mit Mathematik hat das nichts zu tun. Es beschreibt vielmehr die Kunst, zwischen den Zeilen zu lesen, mit Sinn für die grauen Zonen einer wilden Welt, die oft unfertig und widersprüchlich ist. Und oft gerade deshalb so lebenswert.

Am Morgen aufzuwachen und nicht genau zu wissen, was der Arbeitstag bringt: dafür bin ich mal Journalist geworden. Das ist doof für die Terminplanung, aber gut gegen Routine. Zuhören und Fragenstellen sind unsere wichtigsten Aufgaben (und die spannendsten). Den Alltag der Menschen erleben und dabei mehr erfahren als zwischen Breaking-News-Flashs und Live-Schalten. Nicht nur reinfliegen und rausfliegen, sondern bleiben, beobachten, beschreiben. Einen Sinn bekommen für die Zwischentöne.

Dafür gibt es Korrespondenten. Und deshalb ist das ein Traumjob.

Gaza und Gelsenkirchen, Leipzig und Los Angeles – echte, eigene Reportagen von vor Ort sind die Basis einer Nachrichtensendung mit Zukunft. Geben Sie uns eine halbe Stunde: Sie erfahren das, was heute wichtig ist. Nicht aufgezählt und aneinandergereiht, sondern eingeordnet – ein roter Faden durch den Tag. Gut verständlich, packend erzählt, möglichst abwechslungsreich, auch in der Form. Auch Fernsehnachrichten dürfen überraschen. So wie die Welt.

Donald Trump und andere Populisten wird das nicht beeindrucken. Sie werden weiter jeden kritischen Bericht als Produkt der «Lügenpresse» diffamieren. Aber kann jemand, der Fehlinformationen regelmäßig zur Mobilisierung der eigenen Anhänger einsetzt, in der Debatte um Schwächen und Fehler der Medien eine ernst zu nehmende Stimme sein? Die Frage gilt auch für die wüst schimpfenden Internet-Kommentatoren, die keine Fakten suchen, sondern ein Ventil für aufgestaute Wut. Und das finden sie in den sozialen Netzwerken, wo Ärger und Zorn gezielt geschürt werden und nichts so zählt wie die pure Emotion.

Ich verstehe, dass Menschen unzufrieden sind, generell mit einer Situation und ganz konkret als Zuschauer mit einer Sendung. Kritik ist wichtig, sonst verliert auch Lob an Gewicht. Nichts ist schlechter für die Motivation, als wenn nach einer Sendung jemand der Crew, die da viel Arbeit und Engagement hineingesteckt hat, bescheinigt, «alles» sei «gut» gewesen. Niemals ist alles gut. Manches war schon beinah perfekt, manches hätte deutlich besser laufen können, manchmal machen wir Fehler. Wir sind keine Maschinen.

Ja, es gibt diese Sehnsucht nach klarer Orientierung und einfachen Erklärungen. In jeder Diskussion mit unzufriedenen Wählern taucht sie auf. Die Wirklichkeit erscheint ihnen zu komplex, zu kompliziert, zu anstrengend – da ist jeder, der eine simpel klingende Lösung anbietet, willkommen. Ob er liefert oder lügt, spielt irgendwann keine Rolle mehr. Hauptsache, Ruhe und weniger Angst vor Unbekanntem und Unklarem.

Das Bedürfnis nach Ruhe wird nun gerade der Journalismus niemals stillen können. Wenn es aber darum geht, weniger Angst zu haben vor dem, was unbekannt und unklar ist – *da* können wir helfen.

Das Erfolgsgeheimnis populistischer Parolen ist ja, alles auf den ersten Blick ganz einfach zu machen. Wie attraktiv der zweite Blick sein kann, das muss guter Journalismus zeigen: vermitteln, dass kompliziert nicht automatisch unangenehm ist. Dass Details zählen. Dass Neugier menschlich ist und wichtig. Kurz: dass Staunen Spaß macht.

Es gilt der alte Reporterspruch: Sei niemals langweilig.

Bildnachweis

Bilder im Tafelteil und auf der Umschlagrückseite: außer vom Autor
von Franzi von Kempis, Sabine Vack, Christian Semm

Das für dieses Buch verwendete Papier ist FSC®-zertifiziert.